Fotografía de portada:

Iglesia Anunciación en Nazaret

I0143006

ISBN: 9781734281309

Autor y editor: Dr. Victor Arroyo
Primera edición revisada: 1 de noviembre, 2019
E-Mail: victorarroyoarroyo@gmail.com
victorarroyobooks@gmail.com
amazon.com dr.victorarroyobooks
www.demedicoamaestro.com

Diseño de portada: Mason Balouchian
AD Graphics
Casselberry, Florida 32707

de la Anunciación
a la Resurrección

María

Metafísica Espiritual
La líder de los Seguidores del Camino

Verdades Espirituales
Dr. Victor Arroyo

Sobre el autor:

El Dr. Victor Arroyo es licenciado en farmacia, doctor en medicina, posee una especialidad en medicina interna, con subespecialidad en cardiología. Fue fundador, director y dueño del primer laboratorio vascular y cardiovascular clínico, a nivel privado, en la ciudad donde practicó la subespecialidad de cardiología por treinta años.

Es miembro del Colegio de Médicos y Cirujanos de Puerto Rico, de la Sociedad Puertorriqueña de Cardiología.

Estudió y se graduó de maestro de Verdades Espirituales en "Unity Institute of Christianity", Missouri, USA. Posee una especialidad en educación de adultos. Actualmente dedica su tiempo a enseñar y escribir. Es autor de siete libros sobre enseñanzas y verdades espirituales.

de Médico a Maestro
de Corazón a Corazón
de Adán a Jesús
de la mano de Jesús
de lo Físico a lo Espiritual
de dudas a la Verdad (Respuestas)
de la Anunciación a la Resurrección (María)

A Annie, mi esposa y compañera espiritual.
Gracias por la dedicación y amor en la revisión y corrección del libro.

CUANDO EL DISCÍPULO ESTÁ LISTO, TAMBIÉN LO ESTÁ EL MAESTRO.

Índice:

Introducción

de la Anunciación a la Resurrección, María, es el reconocimiento del autor a la madre de Jesús, el maestro espiritual más avanzado en la historia de la humanidad.

María, la máxima líder espiritual de la primera comunidad cristiana, los Seguidores del Camino, es la protagonista de éste séptimo libro de Verdades Espirituales.

Es la vida de María desde la Anunciación, cuando recibe la encomienda más grande y maravillosa en la historia de la humanidad, hasta la Resurrección, la demostración más grande que llevó a cabo Jesús en todo su ministerio.

Durante un sueño que tuvo el autor, Jesús le relata la influencia que su Madre ejerció sobre Él en su niñez, adolescencia y durante su ministerio.

de la Anunciación a la Resurrección describe el desempeño de María como líder de la Iglesia primitiva, siempre al lado de Jesús, pues nunca lo abandonó.

El sueño del autor:

Desde que comencé a estudiar y practicar las Verdades Espirituales aprendí que **"el Espíritu Santo te lo enseña y recuerda todo".** Este libro es un testimonio de esa Verdad, pues en una mañana, en quietud y paz comencé a leer el relato de la Anunciación a María, por el Ángel y mientras lo leía venía a mi memoria lo familiar que me era ese encuentro entre ellos.

En el silencio se hizo la Luz, pues la conversación entre María y el Ángel Gabriel me hizo recordar la segunda parte del sueño que había tenido con Jesús.

Era el momento de Dios y de inmediato decidí seguir la guía divina. Ya había relatado en el libro **"de la mano de Jesús",** la primera parte del sueño que había tenido con Él, la segunda parte la tenía guardada en mi corazón. Así es que con la ayuda del Espíritu Santo, el gran recordador, con mucho amor comienzo a escribir **"de la Anunciación a la Resurrección, María**, la mujer más reconocida en la historia del cristianismo.

Capítulo 1

La profecía

—Siempre he pensado que Jesús era la persona que mejor me podía hablar de María, pues vivió a su lado siempre. La excelente relación entre ellos les permitió mantener en intimidad secretos que la mayoría de la humanidad desconoce. Ambos conocían la profecía que hablaba de ellos dos en el Antiguo Testamento. —

En el sueño Jesús me dijo que los Judíos estudian la Escritura desde niños y mi madre María, estudió los rollos del Antiguo Testamento en el templo, donde se crio hasta llegar a la adolescencia. Luego, ella me los enseñó amorosa y detalladamente en nuestro hogar.

Jesús continúa diciéndome: Cuando mi madre María estudió a Isaías y a otros profetas, la comprensión espiritual de la Verdad le fue revelando cuál era la voluntad de Dios para nosotros. Fue comprendiendo cuál iba a ser nuestra misión y propósito. La voluntad de Dios es el bien, siempre es buena y perfecta.

María sabía que Isaías había profetizado que una virgen concebiría y daría a luz un hijo y su nombre sería Emanuel. Sabía además, que el profeta Miqueas había profetizado el lugar de mi nacimiento, Belén. **Is. y Mi. 5:2**

Había un plan divino desenvolviéndose y José, siendo parte de ese plan, también conocía la profecía que se concretó en la Anunciación.

—La revelación divina del plan de Dios se iba estableciendo en el corazón de las personas escogidas por Dios. Se estaba llevando a cabo la ley de preparación y el orden perfecto de Dios. —

—Los escogidos y los que caminan por el camino superior no se resisten, están siempre preparados y conocen las leyes Espirituales. Saben que la ley es la realidad de un poder invisible, Dios. No se puede pasar por alto. —

Libro: **de lo Físico a lo Espiritual**, páginas 112-116

Tanto mi madre María, como José, se habían preparado para estar listos a los proyectos que Dios les tenía preparados. Sabían que se logran buenos resultados cuando uno se ha preparado con antelación. Siendo practicantes de la oración y la meditación, estaban conscientes de la Presencia y Poder de Dios en sus vidas y asuntos.

Capítulo 2

María, doncella del templo

Mis abuelos maternos, Ana y Joaquín, llevaron a mi madre María a vivir al templo a los tres años de edad, donde permaneció desde entonces. En el templo, María aprendió a orar, meditar y estudiar la Escritura. ***"Guardaba todas las cosas meditándolas en su corazón"***. Tenía una memoria excepcional y como buena estudiante de la Verdad recordaba todo detalle y hechos antiguos. Estudiar y aprenderse el contenido de los rollos del Antiguo Testamento era parte esencial de las enseñanzas del judaísmo.

María mantenía la palabra bien viva en su memoria. En nuestra época era costumbre recitar los pasajes de la Escritura de memoria.

Los padres de María, Joaquín y Ana, provenían de la realeza. Mi mamá era hija única. Joaquín, mi abuelo, tenía linaje de reyes y se puede trazar su linaje hasta el rey David. El rey David era el más admirado de los monarcas. Nosotros pertenecemos a la casa de David.

Mi padre José necesitó ir a Belén a inscribirse, antes de mi nacimiento. Él no quería dejar sola a mi mamá en

Nazaret. Organizó una pequeña caravana y la llevó con él en ese viaje.

Mi madre me contó que estuvo en el templo hasta los doce años de edad. A esa edad, como era adolescente y estaba en la pubertad, los encargados del templo se preocuparon por su seguridad. No debía estar expuesta y en contacto con los que allí habitaban. Consideraron que era prudente enviarla a la casa de un hombre justo.

Los ancianos del templo decidieron que debía vivir con José, en un hogar respetable. José era sacerdote del templo y fue el escogido. Los sacerdotes le dijeron a María: ***"Vete con José y vive en su casa hasta el momento de tu matrimonio".***

El orden divino estaba presente en todo lo que le deparaba el futuro a María. José estaba viudo, lo que le permitió comprometerse con María. De joven doncella del templo, María pasa a ser la prometida de José, el Carpintero. Así le llamaban a José en Nazaret.

José, de su primer matrimonio tenía cuatro hijos y dos hijas. Cuando quedó viudo todos vivían con él. Los nombres de sus hijos son: Judas, Justo, Simón y Santiago. Sus hijas se llaman Asia y Lidia.

Mis hermanos varones, Justo y Simón, los hijos mayores de José, se casaron y se fueron a vivir con sus familias. Así lo hicieron también las dos hijas, Asia y Lidia, se fueron a vivir a sus casas. Vivimos muy unidos y nos amamos mucho. Siempre, la armonía, la paz, el amor, el orden y la fe reinaban en nuestro hogar.

En la casa nos quedamos viviendo juntos, José, mi mamá María, Santiago, llamado el Menor y yo.

El hijo menor, Santiago, estaba desolado por la muerte de su mamá, la primera esposa de José. Mi mamá María, a su corta edad, lo educó y ayudó a criarlo. Por eso muchos le conocen como Santiago, hijo de María. El hecho de haberlo criado y conocerle como hijo de María, creó la confusión de que mi madre no se mantuvo virgen.

Si mi madre María hubiese tenido más hijos, lo lógico hubiese sido, que en la cruz yo se la entregara a ellos y no a Juan.

Mi mamá tenía catorce años cuando llegué Yo, Jesús, a habitar en ella por mi propia voluntad y con el beneplácito del Padre y el impulso del Espíritu Santo. Me encarné en ella por un misterio que sobrepasa la comprensión humana.

Cuando pasaron tres meses del embarazo virginal de mi mamá, José regresó del lugar donde estaba trabajando y la encontró embarazada. Según me cuenta mi mamá, ese día José estuvo turbado en su espíritu, triste y angustiado, hasta que se le apareció en un sueño el Ángel Gabriel. Este le dijo: ***"José, hijo de David, no temas recibir a María tu esposa, porque está en cinta por obra del Espíritu Santo. Dará a luz un niño al que le pondrás por nombre Jesús".*** Al despertar de su sueño, obedeció lo que el Ángel le había ordenado y María permaneció con él.

Lucas 1:26-38

Mi nacimiento virginal es considerado como un acontecimiento milagroso. Es importante decirte que la ley espiritual trasciende la ley humana. Entendiendo esta Verdad, se despeja toda duda al respecto. ***"Las cosas que son imposibles para el hombre, son posibles para Dios".***

—La ciencia hoy día ha demostrado ser posible, lo que antes se consideraba imposible. Se logran embarazos fuera de la cavidad uterina y se implantan óvulos fecundados en una mujer sin haber tenido contacto físico.—

—María es un ejemplo de un embarazo virginal. Fue la primera en la historia de la humanidad. En la actualidad, la ciencia ha logrado que muchas mujeres queden embarazadas sin haber tenido ningún tipo de contacto íntimo. María se mantuvo virgen el resto de su vida. —

En el alma de María vas a encontrar las virtudes que tanto tú aprecias: paz, amor, humildad, paciencia, delicadeza, mansedumbre, misericordia, generosidad, servicio, compromiso y valentía. Por eso yo te he dicho que el que me conoce, conoce el corazón de María. Y ***"el que me ha visto a mí, ha visto al Padre".*** **Juan 14:9**

Capítulo 3

La Anunciación

—La Anunciación fue el momento que cambió la historia de la humanidad. Nadie que se siente cristiano lo puede olvidar y dejar pasar. —

—Cuando Isabel, pariente de María, cumplió seis meses de embarazo, el Ángel Gabriel fue enviado a Nazaret a la casa de María. Allí se llevó a cabo el anuncio que cambió la historia de la humanidad. —

La Anunciación:

El ángel Gabriel fue enviado de Dios a una ciudad de Galilea, llamada Nazaret, a una virgen desposada con un varón que se llamaba José, de la casa de David, y el nombre de la virgen era María.

Y entrando el ángel a donde estaba, dijo: **Salve, muy favorecida! el Señor es contigo: bendita tú entre las mujeres.**

Más ella, cuando le vió, se turbó de sus palabras y pensaba: ¡qué salutación fue ésta!

Entonces el ángel le dijo: María, no temas, porque has hallado gracia cerca de Dios.

Y he aquí, concebirás en tu seno, y parirás un hijo, y llamarás su nombre JESÚS.

Este será grande y será llamado Hijo del Altísimo y le dará el Señor Dios el trono de David, su padre:

Y reinará en la casa de Jacob por siempre; y de su reino no habrá fin".

Entonces María dijo al ángel: **"¿Cómo será esto?, porque no conozco varón".**

Y respondiendo, el ángel le dijo: **"El Espíritu Santo vendrá sobre ti, y la virtud del Altísimo te hará sombra; por lo cual también lo Santo que nacerá, será llamado Hijo de Dios.**

Y he aquí, Isabel, tu parienta, también ella ha concebido hijo en su vejez; y este es el sexto mes de ella que es llamada la estéril. Porque ninguna cosa es imposible para Dios".

Entonces María dijo: **"He aquí la sierva del Señor; hágase a mí conforme a tu palabra".** Y el Ángel partió de ella. **Lucas 1:26-38**

—Cuando se retiró el ángel, el Espíritu Santo, portador de la potencia creadora del Padre, descendió y ocupó todo el universo de María. —

Mi madre María era una joven adolescente; discreta, servicial, amorosa y conocedora de la Verdad de Dios. Estaba receptiva y preparada para recibir la encomienda más grande que se le ha dado a una mujer; ella fue la escogida.

Su actitud de compromiso y entrega total a la voluntad divina fue su camino, ***"Que Él haga conmigo según me has dicho".***

Me contó que pasó tiempo meditando y reflexionando la profundidad de la encomienda que había recibido, a través del mensajero de Dios, y afirmaba: ***"Nada es imposible para Dios, solamente me rindo a la voluntad divina".*** Las palabras del Ángel Gabriel no se apartaban de su corazón.

María, consciente de la encomienda que recibió, comienza a meditar y llevar a su corazón la gran responsabilidad de su misión. No solamente estaba comprometida, sino que quedó embarazada sin todavía estar casada. Según las costumbres de la época estar embaraza sin estar casada, tenía grandes consecuencias.

Mi madre podía ser castigada por adulterio, lo que implicaba desde castigos físicos y emocionales, hasta repudio de la familia y la comunidad. La protección divina la acompañó y nadie percibió nada; ni sus padres, ni sus vecinos, ni parientes. Así que el misterio no transcendió del corazón de María. ***"Meditaba todas las cosas y las guardaba en su corazón".*** **Lucas 2:19**

Jesús me dice que dos cosas sucedieron que establecieron el orden divino. Lo primero que sucedió y evitó que las personas de su comunidad se enterasen de su embarazo, fue su viaje a otra ciudad a visitar y acompañar a Isabel. Nadie la vio al principio de su embarazo. Lo segundo fue la actitud de José cómo hombre de Dios. Tanto José como María eran muy sensibles para las cosas de Dios y eran conocedores de la Palabra de Dios y de las Verdades Espirituales. María tenía una encomienda divina y José la aceptó con mucha fe, pues era parte del plan divino de Dios. José conocía la profecía que había hecho el profeta Isaías, de mi nacimiento de una mujer virgen.

Así que los tres meses que mi Madre pasó cuidando a Isabel evitó que se conociera el secreto de su gestación. Mi madre, como mujer de fe siempre estuvo tranquila, segura y en paz. Su serenidad y comportamiento en situaciones de reto era admirable. Su actitud de ser me inspiró la beatitud: ***"Bienaventurados los pacificadores porque ellos serán llamados hijos de Dios".*** Beatitud significa, actitud de ser.

Se aprende de muchas maneras y una de ellas es por demostración. Mi madre era un testimonio viviente, demostrando sus virtudes en todo momento.

Capítulo 4

María e Isabel

—La relación entre María e Isabel era muy especial, ambas recibieron la infusión del Espíritu Santo casi al mismo tiempo. —

—Isabel, parienta de María, además de amiga era compañera espiritual de ella. Estaba casada con Zacarías y es a él que el Ángel Gabriel le da la noticia que iba a procrear un hijo con Isabel. Isabel era estéril y Zacarías era anciano. Entre ellos no tenían hijos. —

Jesús me dijo que María le había contado que estando en el templo Zacarías, quién era sacerdote, salió a poner el incienso y se le apareció el Ángel, puesto en pie a la derecha del altar del incienso y le dijo: ***"Zacarías, no temas porque tu oración ha sido oída y tu mujer Isabel te parirá un hijo y lo llamarás Juan. Tendrás gozo y alegría y muchos se gozarán de su nacimiento. El será grande delante de Dios, será lleno del Espíritu Santo, aun desde el seno de su madre. A muchos de los hijos de Israel convertirá. Porque él irá delante de Él para convertir los corazones de los padres, a los hijos y los rebeldes a la prudencia de los justos".***

Zacarías quería una prueba, porque era viejo al igual que Isabel. El Ángel le dijo: ***"Yo soy Gabriel, fui enviado a hablarte y a darte estas buenas nuevas. Estarás mudo y no podrás hablar, hasta el día que esto sea hecho, por cuanto no creíste a mis palabras, las cuales se cumplirán a su tiempo".*** **Lucas 1:5-25**

Isabel quedó embarazada y se mantuvo en su casa sin salir por cinco meses, ni compartir con nadie la noticia de su embarazo.

Cuando María se entera por el ángel que Isabel estaba en su sexto mes de embarazo, toma la decisión de ir a verla y quedarse con ella tres meses, hasta después del parto. **Lucas 1:56**

Isabel jugó un papel muy importante en la vida de mi mamá, María. Había una buena intimidad entre ellas, no obstante la distancia que las separaba. Ellas dos influenciaron en la formación y espiritualidad de Juan El Bautista y la mía. Tenían y demostraban una riqueza interior excepcional.

María, siendo adolescente, conocía **la virtud del servicio.** Atendió, acompañó y sirvió a Isabel durante esos últimos meses de su embarazo, con mucho amor, ya que Zacarías estaba mudo y los dos estaban solos. Esto me hace recordar lo que tú le dices a tus estudiantes de Verdades Espirituales, **¡si sirves, sirves!**

En aquella época había que recorrer casi ochenta millas para llegar de mi casa en Nazaret, a la casa de Isabel en Hebrón.

Siendo María tan joven y estando comprometida, consiguió permiso de José, como era la costumbre judía, para ir a visitar y atender a Isabel.

María recibió la respuesta correcta de José. Los escogidos no se cuestionan, sino que se rinden a la voluntad divina.

En el momento que José le concede permiso a mi mamá para ir a casa de Isabel, ya María había recibido la Anunciación por parte del Ángel Gabriel. Ella se encontraba embarazada, me había concebido.

María era muy valiente y sabía que el camino para ir a la casa de Isabel era peligroso, difícil y distante. Su corazón le decía que no importase el sacrificio, Isabel necesitaba de su ayuda. Ella estaba decidida a arriesgarse y José confió en su capacidad para afrontar situaciones a pesar de su corta edad.

El camino no fue fácil, pues la distancia entre ambas comunidades tomaba aproximadamente de tres a cuatro días. José tomó muchas precauciones, preparó una pequeña caravana y la envió con sus criados.

El Ángel ya se le había aparecido en el sueño a José, lo cual facilitó que le concediera el permiso para ausentarse de la casa. En el sueño el Ángel le dijo:
"José, hijo de David, no temas recibir a María, tu esposa, porque está en cinta por obra del Espíritu Santo. Dará a luz un niño al que le pondrás por nombre Jesús".

Lucas 1:26

Mi mamá vivía constantemente en la Presencia de Dios. El ausentarse de su comunidad y de sus parientes a cuidar de Isabel, la protegió en su humanidad. Su comunidad, vecinos y familiares nunca se enteraron de su embarazo. María y José guardaron su secreto divino en sus corazones. Las leyes y costumbres de la época no perdonaban a una mujer que quedara embarazada antes del matrimonio.

El nombre de Juan y el mío nos lo pone el Ángel cuando le dice a nuestras madres, ***"Se llamará Juan, se llamará Jesús".*** Yo soy contemporáneo con Juan, seis meses menor, pues nacimos el mismo año. Él comenzó su ministerio antes que yo. Fue el primer líder espiritual en el Nuevo Testamento y el último profeta.

Le agradezco a Juan El Bautista por introducirme a los discípulos que el bautizaba en el río Jordán. Él les dijo: ***"Yo os bautizo con agua; pero viene el que es más poderoso que yo; a quien no soy digno de desatar la correa de sus sandalias; Él os bautizará con el Espíritu Santo y fuego".*** **Lucas 3:16**

Les delegué a mis discípulos que bautizaran con agua en el río Jordán. Ellos sabían que yo no bautizaba con agua. **Mi bautismo es totalmente espiritual**. Por eso Juan El Bautista dice: ***"Él os bautizará con el Espíritu Santo y fuego"***. En tu libro **de Adán a Jesús**, página 112 explicas los dos bautismos y el significado de fuego. El fuego simboliza limpieza y purificación. El fuego del Espíritu es realidad que consume las impurezas de los sentidos. Cuando el error se consume, el fuego cesa. El fuego espiritual consume solo cuando encuentra cualquier cosa que no tenga su misma naturaleza. El fuego de Dios consume las impurezas de la conciencia negativa y revela el Cristo. Las impurezas de nuestro carácter se queman si dejamos de errar.

Capítulo 5

La visita de María a Isabel

Llegar de Nazaret a la casa de Isabel en Hebrón, en aquella época, tomaba de tres a cuatro días caminando. La costumbre judía era muy estricta y no permitía que una mujer sola fuera a recorrer esa distancia y menos sin permiso del prometido. José, su prometido, aprueba su viaje y le ayuda en sus preparativos, sabiendo que ella iba a quedarse atendiendo y cuidando de Isabel los tres meses que le faltaban para nacer su primogénito y único hijo, Juan El Bautista.

El viaje de María fue una experiencia mística. Siendo tan joven y llena de la gracia divina, se mantuvo serena y fortalecida física y espiritualmente. Estaba consciente del trayecto que le esperaba y sabía que el poder divino de Dios la protegía y guiaría. Estaba alegre y gozosa, interior y exteriormente.

Al llegar María y saludar a Isabel, la criatura saltó en su vientre e Isabel fue llena del Espíritu Santo. Exclamó a gran voz, diciendo: ***"Bendita tú entre las mujeres y bendito es el fruto de tu vientre".*** ¿Y de dónde esto a mí, que la madre de mi Señor venga a mí? Porque he aquí, como llegó la voz de tu salutación a mis oídos, la criatura saltó de alegría en mi vientre. Y bienaventurada la que creyó, porque se cumplirán las cosas que le fueron dichas de parte del Señor. Entonces María dijo: ***"Engrandece mi alma al Señor. Y mi espíritu se regocija en Dios mi Salvador".*** **Lucas 1:46-47**

María cuidó amorosamente de Isabel, pues su corazón le decía lo mucho que Zacarías necesitaba de ella, se encontraba mudo y muy anciano.

Al octavo día de haber nacido Juan, como era la costumbre, lo llevaron a circuncidar al templo. Cuando llegaron con el niño, los que allí se encontraban comenzaron a llamarle por el nombre de su padre, Zacarías. Isabel les aclaró que su nombre sería Juan. Le preguntaron: ¿Por qué?, nadie hay en la parentela que se llame Juan.

Era la costumbre en mi época ponerle al primer hijo el nombre del padre. Con Juan El Bautista y conmigo no fue así, pues nuestros nombres nos lo puso el Ángel Gabriel. A mí me puso Jesús.

Tan pronto se anunció el nombre de Juan a los asistentes que los acompañaban en el templo, Zacarías recupera el habla y hace la siguiente profecía sobre su hijo: ***"Tú, pequeño, serás llamado profeta del Altísimo, porque irás delante de Jehová para preparar sus caminos, para dar a su pueblo el conocimiento de la salvación mediante el perdón de sus pecados, debido a la tierna compasión de***

nuestro Dios. Por esa compasión, la luz de un amanecer nos visitará desde lo alto para alumbrar a los que están sentados en oscuridad y bajo la sombra de muerte, y para guiar nuestros pies por el camino de La Paz".

Lucas 1:76-79

— ¡Qué profecía tan maravillosa!—

Jesús me dijo: Juan crecía y se fortalecía en espíritu. Se fue a vivir al desierto hasta el día que llevó a cabo su encomienda de hacer mi presentación y abrir mi camino.

El desarrolló su ministerio a la orilla del río Jordán. Tenía muchos seguidores y cuando llegué me recibió y presentó, cumpliendo con la profecía del Antiguo Testamento que decía: ***"Yo envío mi mensajero delante de tu faz, el cual preparará tu camino delante de ti. Voz del que clama en el desierto. Preparad el camino del Señor. ¡Enderezad sus sendas!".*** **Isaías 40:3**

—El último profeta del Antiguo Testamento fue Malaquías. Pasaron cuatrocientos años entre el Antiguo Testamento y el Nuevo Testamento y a ese lapso de tiempo se le llamó periodo ínter-testamentario. No hubo profetas, fue un tiempo de silencio profético, hasta que viene Juan El Bautista, el nuevo profeta, a presentar a Jesús. Lo que sucedió en ese periodo entre los dos testamentos se encuentra detallado en el tercer libro de Verdades Espirituales: **de Adán a Jesús**, páginas 91-97. —

Juan predicaba a la orilla del río Jordán el mensaje de ***"arrepentimiento".*** Algunos de los discípulos de Juan se convirtieron en mis seguidores. **Hechos 18:24-19:6**

Los que se convirtieron al principio, se unieron a la Secta de los Nazarenos y luego pasaron a los Seguidores del Camino, bajo el liderazgo de mi madre María.

El desierto en la región donde Juan El Bautista se desempeñaba, le daba la oportunidad de meditar, orar y pasar largos periodos de silencio. El vestía de la misma manera que vestían los beduinos nómadas que vivían a las orillas del desierto de Judá. Su alimentación también era igual a la de los beduinos.
"Vestido de pelo de camello" y comía ***"langostas (saltamontes) y miel silvestre"***. **Mateo 3:4**

Capítulo 6:

Nazaret- Posada de carabineros- Belén

Jesús continúa diciéndome: En la época romana Nazaret y Belén no eran lo que son hoy en día y tampoco la distancia para llegar a ellas tomaba el mismo tiempo.

—Nazaret era una pequeña aldea de Galilea. Nunca se menciona en el Antiguo Testamento, pues no existía en ese tiempo. El Nuevo Testamento la menciona y para el tiempo de Jesús su población era de menos de cuatrocientas personas.—

José vivía en Nazaret, pero era de Belén y se dirigía a cumplir, como ciudadano romano, con el decreto (censo) que se estaba realizando en su ciudad.

Actualmente el tiempo de recorrido entre ambas comunidades es de varias horas. En la época de mis padres, recorrer noventa millas de distancia caminando, tomaba entre tres a cuatro días. No había carreteras, sino caminos. La pequeña caravana de mis padres con destino a Belén, necesitó pernoctar en el camino más de tres noches.

—El tiempo que ha pasado desde que se llevó a cabo ese evento hasta éste momento en la historia, ha hecho que todos los sucesos y los lugares en los cuales ocurrieron hayan sido cambiados y modificados. Hoy nosotros imaginamos las cosas muy diferente a como fueron. —

La ruta que emprendieron mis padres, José y María, Salomé (la comadrona o partera), los jornaleros y los animales, fue la misma que recorrían las caravanas cuando se dirigían a Belén.

Por lo general, las caravanas llevaban alimentos, ropa, implementos de cocina, animales para transportarse y alimentarse, como gallinas para los huevos y la carne, una vaca para la leche y todo lo indispensable para sus necesidades. Debemos recordar que eran pueblos que tenían costumbres nómadas. No había ni cafeterías, ni tampoco pequeños hoteles, ni posadas en el camino, como imaginamos hoy en día. Por lo tanto, una pequeña caravana como la de mis padres era imposible entrar en un cuarto o habitación de una posada, tal como algunos lo imaginan.

Los lugares de pernoctar se conocían como posada de carabineros. Estos lugares se encontraban a cierta distancia unos de los otros, en el camino de una ciudad a otra. Consistía de una entrada principal, un espacio grande y abierto, pero cercado por un empedrado. Esa cerca o verja de piedra protegía a las personas que iban a pernoctar y sus pertenencias.

Por la entrada pasaba cada caravana para adentrarse y colocarse en un lugar que se le asignaba. El área que se le asignaba a cada caravana estaba provista de dos pesebres (recipiente en forma de cajón), uno para el agua y el otro para la comida de los animales. Levantaban su casa de campaña, sacaban sus utensilios de comida, preparaban el lugar donde iban a cocinar sus alimentos, protegían a las aves y amarraban a sus bestias.

Ya puedes imaginarte la falta de higiene y el ambiente de una posada para caravanas de mi época. ¿Crees tú que sería un buen lugar para albergar la pequeña caravana de mi familia? Mi madre María estaba a término de su embarazo y Salomé, la comadrona que le acompañó a Belén, sabía que el lugar no era el más adecuado para llevarse a cabo el parto. Cuando lees la escritura con detenimiento te das cuenta que en las posadas de carabineros ***"no había un lugar higiénico y apropiado para ellos",*** verdaderamente no lo había. El lugar era muy mundano, sucio y de mucho riesgo para lo adelantado que estaba el embarazo de mi madre.

No hubo que tocar para entrar, pues las posadas de carabineros no tenían puertas como la gente dice o cree. Solamente le tomó a Salomé, la comadrona, mirar y darse cuenta de la inmundicia, para decir: **"no hay lugar para ellos pasar la noche".**

La decisión de Salomé fue la correcta y mi madre estuvo de acuerdo con ella. **“No había lugar adecuado, higiénico y seguro para ellos”.**

Mis padres conocían las leyes espirituales, conocían la ley de preparación que tú hablas en tu quinto libro: **de lo Físico a lo Espiritual.** Antes de salir hacia Belén se prepararon y consiguieron la comadrona, Salomé. Sabían que no debían quedarse en ese lugar, pues la profecía decía que: **“El Niño iba a nacer en Belén y no en una parada en la ruta hacia Belén”.**

Salomé es la esposa del Zebedeo y la madre de dos de mis discípulos, Juan y Santiago. En el libro **de Médico a Maestro,** en el tema de conciencia de fe; ***"la pesca milagrosa"***, haces referencia a ellos y de su empresa pesquera, junto a su padre, el Zebedeo. Él tenía jornaleros que trabajaban con ellos en su barca. No eran ***"pobres pescadores"*** como algunas personas les llaman hoy en día a mis discípulos.

Capítulo: 7

El pesebre

A través del tiempo, en las rutas de una comunidad a la otra, se iban preparando lugares más pequeños donde descansar y me cuenta mi madre que encontraron el ***"lugar apropiado para ellos",*** **la gruta**. Salomé, la comadrona, aprobó de inmediato el lugar. El orden divino se estableció.

La gruta llenaba todas sus expectativas. El tamaño del espacio acomodó perfectamente todo lo que llevaban con ellos. Había lugar para la vaca, el buey, la mula, las aves y la tienda de campaña. No les faltó nada. Se encontraron con dos pesebres de madera y uno de ellos tenía las proporciones en tamaño y profundidad para acostarme.

Los lugares donde se acostumbraba acampar estaban provistos de pesebres. Pesebres eran los recipientes en forma de cajón donde les ponían los alimentos a los animales que llevaban con ellos en la travesía. En aquella época se hacían de madera, barro y algunos de piedra.

Mi madre me contó que José encendió la hoguera y la gruta permaneció iluminada toda la noche. El ambiente fue acogedor y la temperatura los hizo sentirse muy felices y seguros para recibirme en sus brazos. Paz, amor, gozo y alegría inundaban sus corazones.

Se menciona mucho la primera y segunda venida de Cristo y hay mucha confusión. La primera venida mía fue ese día, al yo nacer y la segunda venida es cuando tú y cada persona me reciben en su alma, mente y corazón. En otras palabras, la primera venida es mi nacimiento y la segunda venida es espiritual, es el nacimiento de Cristo en la persona, cuando me recibe y me acepta como su Salvador.

—La noche de Navidad: ***"Habían pastores en la misma región, que velaban y guardaban las vigilias de la noche sobre su rebaño. Y he aquí, se les presentó un ángel del Señor y la gloria del Señor los rodeó de resplandor y tuvieron gran temor".***
El ángel les dijo a los pastores: ***"No temáis; porque he aquí os doy nuevas de gran gozo, que será para todo el pueblo: que os ha nacido hoy, en la ciudad de David, un Salvador, que es CRISTO el Señor".***
Esto os servirá de señal: ***"Hallaréis al niño envuelto en pañales, acostado en un pesebre. Y repentinamente apareció con el ángel una multitud de las huestes celestiales, que alababan a Dios y decían:***
¡Gloria a Dios en las alturas y en la tierra paz, buena voluntad para con los hombres!".

Cuando los ángeles se fueron, los pastores se dijeron unos a otros: ***"Pasemos hasta Belén y veamos esto que ha sucedido y que el Señor nos ha manifestado".***

Y llegaron apresuradamente, hallaron a María, a José y al niño acostado en el pesebre, y a todos los que los acompañaban en la caravana.

Y al verlo dieron a conocer lo que se les había dicho acerca del niño. Y todos los que oyeron se maravillaron de lo que los pastores les decían.

Y María guardaba todas estas cosas, meditándolas en su corazón.—

Mi madre María me cuenta que por seguridad un Ángel le ordenó a José que nos fuéramos a Egipto por algún tiempo y todos aceptamos que la caravana siguiera la ruta señalada por el Ángel. Después de pasar un tiempo prudente en Egipto, nos regresamos a nuestra pequeña aldea en Nazaret.

"Levántate, toma al niño y a su madre y huye a Egipto. Quédate allí hasta que yo te diga". **Mateo 2:13**

Noche de Paz

U.S.S. 139

¡Noche de paz! ¡Noche de amor!
Todo duerme en derredor.
Entre los astros que esparcen Su luz.
Bella, anunciando al niño Jesús,
Brilla la estrella de paz,
Brilla la estrella de paz.

¡Noche de paz! ¡Noche de amor!
Oye humilde el fiel pastor
Coros celestes que anuncian salud,
Gracias y glorias en gran plenitud
Por nuestro buen Redentor,
Por nuestro buen Redentor.

¡Noche de paz! ¡Noche de amor!
Ved que bello resplandor
Luce en el rostro del niño Jesús,
En el pesebre, del mundo la Luz,
Astro de eterno fulgor,
Astro de eterno fulgor.

Capítulo: 8

Genética de Jesús

—Nosotros recibimos material genético de nuestra madre y de nuestro padre. Nuestra madre nos transmite ciertos genes y nuestro padre otros. Por eso tenemos dos copias de cada gen, una de cada uno de nuestros padres. La mayoría de los genes son iguales en todos nosotros, solamente menos del 1% por ciento del total, varía un poco de una persona a otra. Esta pequeña variación determina los rasgos únicos que nos distinguen. —

Jesús me dijo: Es imposible no darle a mi mamá María su verdadero rol en mi genética. Los que me reconocen a través de una carta auténtica que un oficial romano en Judea, envió al Senado Romano en el reinado de Tiberio Cesar, deben saber el gran parecido entre nosotros.

La carta me describe como: ***"Un hombre de estatura un tanto alta y muy apuesto. Su pelo es del color de las castañas bien maduras, lacio hasta las orejas, desde donde, hacia abajo, es más oriental y rizado, ondulado sobre los hombros. En el centro de la cabeza hay una hendidura o partidura de Su cabello, al estilo de los Nazarenos. Su frente es muy lisa y delicada. Su cara sin mancha, ni arruga, bella y con un delicado rosado. Su nariz y Su boca están formadas como nada que pueda***

reproducirse. Su barba es espesa y a tono con el color de Su pelo, no muy largo, hirsuto. Su mirada es inocente y moderada. Sus ojos, claros y vivos. En proporción, Su cuerpo es casi perfecto. Sus manos y brazos, muy delicados a la vista. Un hombre, que por su belleza sobrepasa a los hijos de los hombres".

—Muy frecuentemente decimos: *"tal cuál es el hijo, así es el padre, o en este caso, la madre"*. Heredamos rasgos físicos de nuestros padres/madres, como la estatura, el color del cabello, los ojos y el color de la piel. —

Jesús continúa diciéndome: Todos mis rasgos físicos provienen de mi mamá. Mi genética materna trasciende lo físico. De mi madre aprendí y adquirí modales, manera de hablar, de comportarme, de caminar; virtudes y sentimientos. Fue a través de mi madre que comencé a descubrir valores, como el amor incondicional, la bondad, el afecto, honestidad, justicia, solidaridad, respeto, tolerancia, gratitud, responsabilidad, orden, sinceridad, sobriedad, templanza, lealtad y humildad, que disipa el orgullo y la soberbia. Mi madre me enseñó a tener autodominio, armonía, moderación y equilibrio interior.

Las personas tienen dos padres biológicos. Además de los padres biológicos, algunos pueden tener padres adoptivos o padres de crianza. Pero todos tenemos un solo Padre/Madre espiritual, Dios.

En mi caso, tengo a María, mi madre biológica y a José, mi padre de crianza. Mi Padre espiritual es Dios y Soy uno con Él y en Él. **"Soy uno en Dios y Dios es uno en Mí".**

"Yo y el Padre uno somos". Juan 10:30

Yo recibo de mi madre María la naturaleza humana. Ella fue mi única fuente humana. Por ser María mi madre, ella es importante en la historia de la Salvación.

—María fue una colaboradora biológica y espiritual, subordinada al Espíritu Santo y actuando en comunidad de acción. —

Pablo dice que yo fui ***"nacido de mujer"***- **Gálatas 4:4**
Y añade en **Romanos 1:2 "nacido *según la carne"*.**

"El Espíritu Santo vendrá sobre ti, y el poder del Altísimo te cubrirá con su sombra; por lo cual también el Santo Ser que nacerá, será llamado Hijo de Dios".

Lucas 1:35

El Ángel le anuncia a mi madre que el que nacerá de ella será ***"santo"*** y te digo, que por mi santidad, es ella misma Santa.

—Santo es aquel que pertenece al mundo de Dios, el mundo espiritual. —

En las cartas sanadoras Myrther Fillmore escribió: "Yo, permití que mi alma magnificara al Señor, así como lo hizo María, la madre de Jesús.

—Mientras más nosotros aprendamos espiritualidad e imitemos a Jesús y a María, en esa misma medida expresamos el **"Cristo Morador"**—

Todos somos hijos del mismo Padre espiritual, Dios. Mi madre María también lo es. Ella es hija de Dios hecha a Su imagen y es además la elegida de Dios**, "entre todas las mujeres"**, desde el primer instante que me concibió. El Ángel le dice claramente en ese instante, que es **"llena de gracia".**

Mi mamá es un modelo a seguir de fe y obediencia. Yo la obedecía en todo. Desde niño aprendí el cuarto mandamiento de la ley: **"Honrarás a tu padre y a tu madre"**. Hubo sucesos, como cuando me le escapé y me fui al templo sin su permiso. Y el del día de la boda en Canaán que le dije a mi mamá: *"espera un momento, dame tiempo, no ha llegado la hora para convertir el agua en vino"*.

Y mucha gente no entendía que después de estos sucesos, nos reuníamos y sacábamos las enseñanzas espirituales de cada uno de ellos. A mi madre y a los discípulos les encantaban esos diálogos. La enseñanza que se aprendió el día de la boda de Canaán fue: cómo iba a ser la nueva relación entre nosotros. **Ella, por ser mi madre, podía interceder a favor de otros y para mí era un privilegio complacerle y honrarle siempre.**

A los que vienen a nosotros les digo que la honren al igual que yo la honro. **Todas las generaciones tendrán a mi madre María por bienaventurada. Lucas 1:48**

En el sueño Jesús continúa diciéndome: "María ya había asumido la dirección de nuestro primer grupo **"la Secta de los Nazarenos"** y como líder demostró que la fe, confianza y solidaridad son fundamentales y fue por eso que les dijo a los encargados de servir el vino en la boda: **"Haced lo que Él os diga"**, sin conocer cuál iba a ser mi decisión".

En la boda demostré que para Mí todo es posible. Al igual que todo es posible para los que confían y creen en Dios. **"Con Dios todo es posible".**

Aunque siempre hemos permanecido juntos, la Escritura nos pone juntos por primera vez en la celebración de la boda de Canaán. La boda nos dio la oportunidad de demostrar que siempre íbamos juntos a las fiestas y celebraciones. Puedes ver el liderazgo de María tomando parte activa en mi ministerio e intercediendo por las personas que celebraban en ese momento. Estaba tomando decisiones, aunque no hubiese llegado mi hora de llevar a cabo la demostración de la conversión de agua a vino.

Ese día se tomó la decisión de no resistirse y actuar según lo hacía mi madre. Interceder, aquietarse, esperar en Paz. **"Yo no sé nada, el Padre lo sabe todo".** Confiar, permitir, entregarse y sobre todo amar.

La otra enseñanza fue que mi madre María me encontró en el templo y no me confrontó por haberme escapado. Entendió que *"en las cosas de mi Padre me convenía estar".* Aceptó de todo corazón, al igual que yo, mi compromiso con el Padre, Dios. María, con su paciencia, su dulzura y amor se había comprometido conmigo a ser la líder de nuestro movimiento. No hubo que mediar palabras entre nosotros, con la mirada sellamos nuestro compromiso.

Te digo que mi genética con mi madre trascendía lo físico, pues nuestro amor era incondicional, era divino y perfecto.

Siempre me sentí feliz y orgulloso de mi parecido con mi madre. La entrega incondicional a la voluntad divina nos acercaba cada día más.

Después de la boda, todos nosotros bajamos con María, a Cafarnaúm. **Juan 2:12**

—La tradición religiosa ha hecho que imaginemos a María muy diferente a la Verdad.—

Es muy cierto lo que me dices, pues mi madre fue mi compañera en todo mi viaje, nunca se alejó de mí. Siempre estábamos juntos, te puedo asegurar que pasé toda mi vida a su lado. María me protegía, enseñaba y me transmitía su sabiduría, paciencia y la devoción por las leyes espirituales y divinas. Me enseñó a orar, meditar y reflexionar. Aprendí de ella lo que era la verdadera paz, la serenidad del alma. Ella siempre permanecía serena, no importaba la situación. Yo la mantenía enterada de mi misión, visión y propósito.

Mi misión fue predicar el evangelio del Reino de Dios, sanar y enseñar. Sobre todo, enseñar la divinidad del hombre. Somos seres divinos creados a la imagen y semejanza de Dios. Recordar a los creyentes que las cosas que yo hago, mayores aun las pueden hacer.

Mi visión fue enseñar a los apóstoles para que esparcieran el Evangelio (mis enseñanzas) por todo el mundo.

Mi propósito fue hacer la voluntad del Padre y expresar la Verdad, que **Yo Soy** el Hijo perfecto de Dios.

Según te conté en tu libro **de la mano de Jesús**, muy temprano en mi adolescencia, además de dedicarme a estudiar, orar, meditar y crecer en comprensión espiritual y sabiduría, me encargué de la ebanistería de José, hasta comenzar los tres años del ministerio. José con mucho amor me llevó de su mano, me guió y me enseñó la profesión de carpintero en su ebanistería. Por eso muchos se referían a mí como el hijo del carpintero. José nació en Belén y falleció en nuestra casa en Nazaret, a los ciento once años, sin padecer enfermedad; antes de yo comenzar mi ministerio. Pasó a la eternidad de Dios, cogido de las manos de María y las mías.

Mi madre María y yo acordamos que ella se encargaría de dirigir el movimiento y de esa manera yo me dedicaría en mente, alma y corazón a cumplir con mi misión, visión y propósito. Todos reconocían su capacidad de líder. La honraban y la amaban.

Algunas personas que desconocen mi vida dicen que de los diez años a los treinta me fui a la India y a otras tierras, a aprender de maestros. A ellos les digo: Mi sabiduría viene de Dios. Esas personas no han leído a Lucas, que dice: **"Y Jesús crecía en sabiduría, en estatura y en gracia para con Dios y los hombres.**

Lucas 2:52

—Jesús era un genio que ardía con su propia luz. No necesitó aprender sus enseñanzas, sus principios, ni su discernimiento de ninguna escuela, de ningún maestro, de ningún país, como la India, Persia o Egipto. —

Nota: Lucas se dedicó a investigar minuciosamente y con diligencia todas las cosas de María y Jesús, desde su origen, para escribirlas por orden. Revisó todo lo que se había escrito y buscó información de boca a boca que le trasmitieron los que desde el principio fueron testigos oculares y ministros de la palabra.

"Me ha parecido conveniente, después de haberlo investigado todo con diligencia desde el principio, escribírtelas ordenadamente, para que sepas la verdad precisa acerca de las cosas". Lucas 1:3

Capítulo: 9

Padre / Madre Dios

—Dios no tiene sexo—

—En las Verdades Espirituales, cuando nos referimos a Dios, muchas veces le decimos Padre/Madre Dios. Referirnos al **"Padre"** como Padre/Madre Dios nos cuesta mucho trabajo, pues no estamos acostumbrados a esta gran Verdad. Hoy, a través de Jesús, podemos entender y apropiarnos de esta otra maravillosa manera de referirnos a Dios. Sabemos que Dios no tiene sexo, por lo tanto podemos referirnos a Dios como Padre, Madre Dios.—

—Jesús vino para transformar todo. Todo es todo. Vino a este plano humano a enseñarnos y ser el camino a la transformación **de lo Físico a lo Espiritual**. En otras palabras, para llevarnos de la conciencia sensorial a la conciencia espiritual. —

—Nuestra manera de pensar acerca de los lazos de familiares a nivel humano, sufrieron también un cambio. Todo lo humano fue asumido, no suprimido. —

—Estableció las fronteras y los límites del espíritu, dentro de las cuales Dios es Padre/Madre de todos nosotros y nosotros somos hermanos unos de otros. —

"La mayor alegría y gozo es percibir el lado maternal de Dios, el amor divino".

Jesús me dijo: María desempeñó con excelencia su responsabilidad y amor maternal en mi vida, cumpliendo con la elección divina que recibió. **-"llena de Gracia"-**

Desde este momento en adelante, toda mi enseñanza hay que entenderla a nivel espiritual, pues de lo contrario nunca me comprenderán. Para no juzgar mis palabras y acciones y no separarlas de la Verdad, debemos subir de nivel. Por eso, tú me citas muchas veces cuando yo digo, **"Sube conmigo".**

Cuando te cuento estas cosas quiero que las compartas con todos los estudiantes de la Verdad alrededor del mundo. Te agradezco que les recalques que mi propósito es hacer la voluntad del Padre, enseñar a todas las personas, que son seres divinos, creados a la idea (imagen) de Dios. Ese debe ser el propósito de todos los verdaderos hijos de Dios; manifestar la divinidad que les fue implantada por el Creador. De esa manera es que Dios se constituye en Padre/Madre.

—**Como Creador divino**, Dios es Padre/Madre,
Como Ser divino en la humanidad, Dios es Hijo y
Como poder divino en actividad, Dios es Espíritu Santo. —

Muchas personas prefieren llamarle a Dios, solamente **"el Padre".**

Dejamos claro que **Dios es Espíritu** y es en Espíritu y en Verdad que le amamos y adoramos.

— Dios es Todo. —

Yo había enterado de todo detalle a mi madre María y ella aceptó todo lo concerniente a mi misión, visión y propósito.

Mi madre y Yo nos mantuvimos siempre enfocados y siguiendo el camino superior durante los tres años de mi ministerio y al final del tercer año, nos sentamos a analizar la profecía que había hecho el sacerdote Simeón, en el templo. Concluimos que habíamos sufrido mucho, pero ambos nos sentimos dichosos, satisfechos y bendecidos.

La noticia cruel que Simeón les dio a mis padres los sumergió en un profundo dolor.

Le dijo directamente a mi madre: **"Este Niño está puesto para ruina y resurrección de muchos en Israel y una espada traspasará su alma, para que sean descubiertos los pensamientos de muchos corazones".**

Lucas 2:22-35

Mi madre ese día sintió que su corazón se le destrozó. Ella había llegado al templo muy alegre y feliz a presentarme al sacerdote y recibir lo mejor para mí, y por consiguiente, para ellos.

Lo divino se sobrepone a lo humano y mi madre siempre mantuvo esa conciencia divina en su mente, alma y corazón.

En ese momento, en el templo, María y José se concentraron en lo bueno, en las palabras iniciales del anciano que comenzó diciendo que el niño era **la "luz para alumbrar a las naciones"** **Lucas 2:32**

Luz del Mundo

La fe de María y de José era como una roca y esas palabras no pudieron destruir su fe. En ese momento, por el contrario, entregaron todos sus pensamientos a Dios. Él estaba a cargo de sus vidas. Se entregaron a Su divina voluntad y no permitieron dudas, ni cuestionamientos. Dios los había llenado de Su gracia, gozo y alegría. Su Presencia y Su poder los acompañaría siempre.

Antes de seguir el camino a cumplir la voluntad divina de pasar por la cruz, quise orar al Padre **por mí, por mis discípulos y por todos ustedes,** los creyentes.

—La oración de Jesús: —

***"Padre, la hora ha llegado; glorifica a tu Hijo, para que también tu Hijo te glorifique a Ti; como le has dado potestad sobre toda carne, para que dé vida eterna a todos los que me diste.**
Y ésta es la vida eterna: que te conozcan a Ti, el único Dios verdadero y a Jesucristo, a quien has enviado.
Yo te he glorificado en la tierra; he acabado la obra que me dijiste que hiciese.
Ahora pues, Padre, glorifícame Tú al lado tuyo, con aquella gloria que tuve contigo antes que el mundo fuese.

**** He manifestado Tu nombre a los hombres que del mundo me diste; tuyos eran y me los diste, y han guardado tu palabra.**
Ahora han conocido que todas las cosas que me has dado, proceden de Tí; porque las palabras que me diste, les he dado; y ellos las recibieron, y han conocido verdaderamente que salí de Tí y han creído que Tú me enviaste.

Yo ruego por ellos; no ruego por el mundo, sino por los que me diste; porque tuyos son y todo lo mío es tuyo, y lo tuyo mío; y he sido glorificado en ellos.

Y ya no estoy en el mundo; mas éstos están en el mundo, y yo voy a ti. Padre santo, a los que me has dado, guárdalos en tu nombre, para que sean uno, así como nosotros.

Cuando estaba con ellos en el mundo, yo los guardaba en tu nombre; a los que me diste, yo los guardé, y ninguno de ellos se perdió, sino el hijo de perdición, para que la Escritura se cumpliese.

Pero ahora voy a Tí; y hablo esto en el mundo, para que tengan mi gozo cumplido en sí mismos.

Yo les he dado Tú palabra; y el mundo los aborreció, porque no son del mundo, como tampoco yo soy del mundo.

No ruego que los quites del mundo, sino que los guardes del mal.

No son del mundo, como tampoco yo soy del mundo.

Santifícalos en tu verdad; tu palabra es verdad.

Como Tú me enviaste al mundo, así yo los he enviado al mundo.

Y por ellos yo me santifico a mí mismo, para que también ellos sean santificados en la verdad.

*** Mas no ruego solamente por éstos, sino también por los que han de creer en mí por la palabra de ellos, para que todos sean uno; como Tú, oh Padre, en mí, y

yo en Ti, que también ellos sean uno en nosotros; para que el mundo crea que Tú me enviaste.
La gloria que me diste, yo les he dado, para que sean uno, así como nosotros somos uno.
Yo en ellos, y Tú en mí, para que sean perfectos en unidad, para que el mundo conozca que Tú me enviaste, y que los has amado a ellos como también a mí me has amado.
Padre, aquellos que me has dado, quiero que donde yo estoy, también ellos estén conmigo, para que vean mi gloria que me has dado; porque me has amado desde antes de la fundación del mundo.
Padre justo, el mundo no te ha conocido, pero yo te he conocido, y éstos han conocido que Tú me enviaste.
Y les he dado a conocer Tú nombre, y lo daré a conocer aún, para que el amor con que me has amado, esté en ellos, y yo en ellos". Juan 17

Capítulo 10

La cruz

—A la cruz se le ha dado muchos significados. En las Verdades Espirituales representa dos estados de conciencia. El madero horizontal representa la conciencia humana (la mortal) y el vertical, la conciencia espiritual (la inmortal).—

—Cada vez que nos deshacemos de un error, hay crucifixión, cancelamos en nuestra conciencia ciertos errores que se han vuelto estados mentales fijos. —

En la cruz renuncié a lo mortal para poder obtener lo inmortal.

Jesús me dice en el sueño: En la cruz siempre supe que no estaba solo, estaba en conciencia de unidad con Dios. **"El Padre y Yo uno somos".** Nunca pasó por mi mente que el Padre me había abandonado. Han malinterpretado mis palabras. Cuando estaba en la cruz, a mi memoria vinieron varios salmos y comencé a recitar de memoria **el Salmo 22:1** que se conoce como: Grito de angustia y canto de alabanza. **"Dios mío, Dios mío, ¿por qué me has abandonado? ¿Por qué estás tan lejos de mi salvación y de las palabras de mi clamor? Dios mío, de**

día clamo y no respondes; y de noche, pero no hay para mí reposo".

Era la costumbre en nuestro tiempo aprenderse los salmos de memoria. Como judío conocía muy bien los rollos y en la sinagoga era fundamental la enseñanza de su contenido. Recuerda que nací y viví como judío hasta pasar a la eternidad de Dios.

En el trayecto hacia el cumplimiento de mi propósito, hacer la voluntad del Padre que me envió, recibí apoyo total de María. Mi madre pasó a mi lado toda mi vida, nunca me dejó solo, estuvo a mi lado y me acompañó en mi última prueba en la cruz. Su fe no vaciló un solo instante.

Al lado y de pie junto a la cruz, mi madre vivió lo que el anciano Simeón había predicho en el templo, treinta y tres años antes. **"Una espada traspasará su cuerpo"**

Juan 19:25

—Juan, el discípulo amado, también testigo presencial incluyó en su evangelio este revelador detalle: *"María se mantuvo de pie junto al madero de tormento de Jesús"*. Nada impidió que ésta leal madre se despegara de su hijo amado. —

—En el momento que Jesús dice a Su madre María: **"Madre he ahí a tú hijo, hijo he ahí a tu madre"**, Jesús nos entrega a nosotros a María, madre universal.—

—Jesús nos entregó una Madre, la madre que engendra en nosotros a Jesucristo. —

Junto a María en la cruz estaba su tía María, mujer de Cleofás, y María Magdalena. Por eso mencionan a las tres Marías, que tanto apoyo nos dieron.

Todos nuestros conocidos y las mujeres que nos habían acompañado desde Galilea, estaban a cierta distancia de la cruz. **Lucas 23:49**

—María guardaba todos sus secretos íntimos en su corazón, solo los compartió con Jesús y las mujeres que la acompañaron junto a la cruz. —

—No hubo gritos, ni desmayos, ni alboroto de parte de los seguidores de Jesús y de María. Solo reinaba el silencio interior, la inseguridad personal y el asombro ante la impotencia de lo que estaban presenciando. Todos concentraban su atención en Jesús, atentos a Sus palabras. Y llegó el momento esperado, donde nos entrega Su Madre a toda la humanidad, a través de Juan: **"Hijo he ahí a tu Madre"** —

—Jesús, en este momento de entrega en la cruz, nos dio la Madre que sigue dando a luz al Cristo en nosotros. —

Capítulo 11

La Resurrección

La resurrección es la demostración más grande que llevé a cabo.

"Yo soy la resurrección y la vida. El que cree en mí, aunque muera, vivirá". Juan 11:25

Al haber Yo resucitado, los creyentes suben a un nuevo nivel en comprensión espiritual, levantando todas las facultades de sus mentes y amoldándolas a las ideas de la Mente Dios. Esta transformación de la mente produce una transformación completa en el cuerpo, de modo que toda función trabaja en perfecto orden divino y toda célula se vuelve incorruptible e inmortal. **"Pues es necesario que esto corruptible, se vista de incorrupción, y esto mortal, se vista de inmortalidad". 1 Corintios 15:53-55**

"Y todo aquel que vive y cree en mí, no morirá jamás".
Juan 11:26

A los creyentes les he prometido que no van a morir, les he prometido la vida eterna. En otras palabras, los que creen van a vivir la Vida de Dios, eternamente. Suben a un nuevo nivel.

—Dar la vida misma por Jesucristo, aquí y ahora, sin morir, eso es amor. —

Dos mujeres fueron escogidas por Dios: Salomé, la comadrona, que fue la primera persona en verme y recibirme en sus brazos al nacer y María Magdalena que fue la primera persona en verme resucitado.

—El orden divino le concedió a dos mujeres estar presentes en estos dos acontecimientos en la vida de Jesús. —

"El primer día de la semana, María Magdalena fue de mañana, siendo aún oscuro, al sepulcro y vio quitada la piedra del sepulcro. Entonces corrió y fue a Pedro y al otro discípulo (Juan), aquel al que amaba Jesús y les dijo: Se han llevado del sepulcro al Señor y no sabemos dónde le han puesto.

Y salieron Pedro y Juan y fueron al sepulcro. Corrían los dos juntos; pero Juan corrió más aprisa que Pedro y llegó primero al sepulcro.

Y bajándose a mirar, vio los lienzos puestos allí, pero no entró. Luego llegó Pedro tras él y entró en el sepulcro y vio los lienzos puestos allí y el sudario que había estado sobre la cabeza de Jesús, no puesto con los lienzos, sino enrollado en un lugar aparte. Entonces entró también Juan, que había venido primero al sepulcro; y vio, y creyó". Juan 20

—La resurrección fue un hecho real en la vida de todos los discípulos, de Su madre María, de María Magdalena y de todos los que la acompañaron al sepulcro. —

—Ángeles de Dios:

"En la resurrección seremos como ángeles de Dios en los cielos". Marcos 12:25

"Porque no pueden ya más morir, pues son iguales a los ángeles; y son hijos de Dios, al ser hijos de la resurrección". Lucas 20:36

Los ángeles, al igual que nosotros, son criaturas creadas por Dios y tan amadas de Dios, como lo somos nosotros. Son inmortales. El Ángel Gabriel tuvo una participación muy importante en la Anunciación a María y Jesús nos compara con ellos en este pasaje bíblico.—

Capítulo 12

María la Líder

—María y el Espíritu Santo presidiendo de la mano el movimiento que cambiaría la historia espiritual de la humanidad. —

Jesús me dice en el sueño: Yo escogí el lugar donde se iba a llevar a cabo la venida del Espíritu Santo, según le había prometido a mis discípulos. María, como líder, iba a ser la anfitriona. Ella comenzó la reunión con una Oración.

—Tener tiempos definidos para la oración nos califica delante de Dios para ser usados, como le sucedió a **"Pedro y Juan cuando subían juntos al templo a la hora novena, la de la oración."** Y Llevaron a cabo la curación del cojo.— **Hechos 3:1**

En la cultura hebrea, nosotros los judíos tenemos horas establecidas y determinadas por la ley como horas de oración. Cuando llega la hora de la oración dejamos a un lado lo que estamos haciendo y nos establecemos en conciencia de oración. La hora novena que menciona el libro de Hechos en su capítulo tres, es también una de esas horas. Hay más horas, como la sexta y la tercera.

María dirige la oración antes de que todos los allí presentes escogiesen el sustituto de Judas. Judas había pasado luego de cumplir con la encomienda más importante y difícil que se le puede asignar a un ser humano. Recuerda que hubo un momento que le tuve que ordenar, **"Haz lo que tienes que hacer y hazlo pronto".**

"Es aquel a quien yo daré el bocado que voy a mojar. Y después de mojar el bocado, lo tomó y se lo dio a Judas, hijo de Simón Iscariote. Entonces Jesús le dijo: Lo que vas a hacer, hazlo pronto". Juan 13:27

Al Judas obedecerme, se cumplió la profecía y pude llevar a cabo la resurrección. Cumplió con el papel que le fue asignado.

—De una manera misteriosa, el proyecto de Dios se realizó. **"Dios cumple su palabra"**— **Isaías 55:10-11**

La iglesia no es un lugar, sino un grupo de gente que se reúnen con un fin común. Al principio, la Secta de los Nazarenos y luego los Seguidores del Camino nos reuníamos en las casas. María dirige la iglesia naciente, discreta y eficazmente. No se hacía notar, actuaba silenciosa y cuidadosamente. Se mantenía por lo general acompañada por un grupo de seguidoras que se fueron añadiendo progresivamente al movimiento.

La primera reunión la llevaron a cabo en el aposento alto de una casa, en la ciudad de Jerusalén. Allí se encontraban los apóstoles, algunas mujeres y mi madre. En esa época el piso superior o aposento alto de la casa resultaba ser el mejor.

—Lucas vuelve a describir otra reunión de los Seguidores del Camino en una casa. Esta vez se trata de la casa de María, la madre de Juan Marcos. La casa tenía un vestíbulo y una puerta con acceso directo a la calle. Además se menciona a Rode, una joven que estaba en la casa de María, la madre de Marcos, y fue a ver quién llamaba a la puerta. Era Pedro, que liberado de la prisión por un ángel, estaba allí. No se sabe si Rode pertenecía a la casa de María o si era una esclava cristiana de otra familia, que había venido para orar en favor de Pedro con el grupo que se encontraba reunido allí. —

"Y habiendo considerado esto, llegó a casa de María, la madre de Juan, el que tenía por sobrenombre Marcos, donde muchos estaban reunidos orando. Cuando llamó Pedro a la puerta del patio salió a escuchar una muchacha llamada Rode, la cual cuando reconoció la voz de Pedro, de gozo no abrió la puerta, sino que corriendo adentro, dio la nueva de que Pedro estaba a la puerta. Y ellos le dijeron: Estás loca. Pero ella aseguraba que así era. Entonces ellos decían, !Es su

Ángel! Mas Pedro persistía en llamar y cuando abrieron y le vieron, se quedaron atónitos". Hechos 12:-12-16

Pablo declara que **"entraba por las casas y se llevaba por la fuerza a hombres y mujeres".** Es decir que sabía dónde encontrar a los Seguidores del Camino, celebrando su culto en las casas. Las casas se constituyeron en casas-iglesias-templos.

El pequeño grupo llamado la Secta de los Nazarenos, que dirigía María, había crecido en convertidos y Pablo, quien era judío no convertido, los perseguía y les llamaba **"el Camino".** Así surgió el nombre de los Seguidores del Camino, en sustitución a la Secta de los Nazarenos.

María cuidaba y protegía a los Seguidores del Camino como lo hacía conmigo. Entre las funciones que ejercía como líder, era convocar, animar y mantener la vigilia de oración del grupo comprometido con mis enseñanzas.

Pablo, después de convertirse, en múltiples ocasiones menciona el movimiento de los Seguidores del Camino, afirmando:

"Yo perseguía al Camino". Hechos 9:2

Pablo pidió cartas a las sinagogas de Damasco, para que si encontraba algunos que pertenecieran al Camino, tanto hombres como mujeres, los pudiera llevar atados a Jerusalén.

Confesión y conversión de Pablo:

Pablo, al convertirse y ser parte de los **"Seguidores del Camino"**, da testimonio de su conversión, diciendo: Yo soy judío, nacido en Tarso de Cilicia, pero criado en esta ciudad, educado bajo Gamaliel en estricta conformidad a la ley de nuestros padres, siendo tan celoso de Dios como todos vosotros lo sois hoy. Perseguí este Camino hasta la muerte, encadenando y echando en cárceles, tanto a hombres como a mujeres.

Me puse en marcha para Damasco con el fin de traer presos a Jerusalén, también a los que estaban allá, para que fueran castigados. Y aconteció que cuando iba de camino, estando ya cerca de Damasco, como al mediodía, de repente una luz muy brillante fulguró desde el cielo a mi derredor. Caí al suelo y oí una voz que me decía: Saulo, Saulo, ¿por qué me persigues? Respondí: ¿Quién eres, Señor? Y Él me dijo: **"Yo soy Jesús el Nazareno, a quien tú persigues".** Y los que estaban conmigo vieron la luz ciertamente, pero no comprendieron la voz del que me hablaba. Y yo dije: ¿Qué debo hacer, Señor?

Y el Señor me dijo: "Levántate y entra a Damasco y allí se te dirá todo lo que se ha ordenado que hagas. Pero como yo no veía por causa del resplandor de aquella luz, los que estaban conmigo me llevaron de la mano y entré a Damasco. Y uno llamado Ananías, hombre piadoso según las normas de la ley y de quien daban buen testimonio todos los judíos que vivían allí, vino a mí y poniéndose a mi lado, me dijo: **"Hermano Saulo, recibe la vista".** En ese mismo instante alcé los ojos y lo miré. Y él dijo: El Dios de nuestros padres te ha designado para que conozcas su voluntad y para que veas al Justo y oigas palabra de su boca. Porque testigo suyo serás a todos los hombres, de lo que has visto y oído. Y ahora, ¿por qué te detienes? "Levántate y bautízate y lava tus pecados invocando su nombre". Y aconteció que cuando regresé a Jerusalén y me hallaba orando en el templo, caí en un éxtasis y vi al Señor que me decía: **"Apresúrate y sal pronto de Jerusalén, porque no aceptarán tu testimonio acerca de mí".** Y yo dije: "Señor, ellos saben bien que en una sinagoga tras otra, yo encarcelaba y azotaba a los que creían en ti. Y cuando se derramaba la sangre de tu testigo Esteban, allí estaba también yo dando mi aprobación, y cuidando los mantos de los que lo estaban matando". Pero Él me dijo: **"Ve, porque te voy a enviar lejos, a los gentiles".** **Hechos 9:1-19**

Jesús dijo: **"Yo soy el camino, la verdad y la vida; nadie viene al Padre, sino por mí".** **Juan 14:6**

Saulo, al convertirse, adquiere su nuevo nombre, Pablo. En mi encuentro con Saulo, ahora Pablo, yo le digo quien Yo Soy y como me conocen; Jesús el Nazareno. Pablo fue el último hombre en verme.

—Cuando hacemos una transformación en conciencia todo cambia y vamos a adquirir un nuevo nombre. En el Génesis, uno de los primeros en adquirir un nuevo nombre fue Jacob. Su nuevo nombre fue Israel. En el Nuevo Testamento, sabemos que Simón adquirió el nuevo nombre de Pedro; Saulo, al convertirse, adquirió el nombre de Pablo. El nuevo nombre de Jesús es Jesucristo.—

—Cuando nosotros aceptamos el Cristo morador, adquirimos un nombre nuevo. A nuestro nombre le añadimos, **"Cristo".** Ejemplos: Carmen Cristo, Juan Cristo, María Cristo, Milagros Cristo, María Cristo, Esteban Cristo, —

En el libro de Apocalipsis se nos recuerda el nombre nuevo que adquirimos, **"¡El que tiene oídos, oiga lo que el Espíritu dice a las iglesias! A los que salgan vencedores les daré a comer del maná que está escondido; y les daré también una piedra blanca, en la que está escrito un nombre nuevo, que nadie conoce sino quien lo recibe". Apocalipsis 2:17**

Jesús me sigue contando: Yo tuve que enfrentar a Pablo y lograr su conversión. Sabía que al convertirse dejaría de perseguir a **"los Seguidores de Camino"**, y a la misma vez dejaba de perseguir a mi madre María, quién era la líder del movimiento.

En Jerusalén, Pablo había estudiado con el más reputado maestro del judaísmo, Gamaliel. Lo envié a Damasco, a la casa de Ananías, para que le devolviera la visión en lo humano y en espíritu, (visión espiritual). Le conseguí a Ananías, el mejor maestro espiritual de aquella época, quién era parte de los Seguidores del Camino. Le enseñó a Pablo todas mis enseñanzas.

Ananías se convirtió en su tutor y maestro espiritual, logrando en él la transformación de un practicante dogmático y radical del judaísmo, a un ser reflexivo, intuitivo y compasivo.

A pesar de que Pablo y Yo estuvimos en Jerusalén en el mismo tiempo, nunca nos encontramos, ni nos conocimos. Mi madre tampoco le conoció hasta que se integró al movimiento que ella lideraba. Ella le brindó todo su apoyo para que se convirtiera en el apóstol de los gentiles. (Griegos que no se habían convertido). María sabía que le había dicho: **"Ve, porque te voy a enviar lejos, a los gentiles"**. **Hechos 9:1-19**

Al Pablo apropiarse de la Verdad y conocer mi vida y mis enseñanzas, a través de Ananías, dedicó su vida a interpretarlas y difundirlas.

—Nos enseñó a los estudiantes de las Verdades Espirituales, el concepto **"Cristo en nosotros, la**

esperanza de gloria". El misterio del Cristo morador en nosotros lo vinimos a entender a través de Pablo. Él nos dijo: **"el misterio que ha estado oculto desde los siglos y generaciones pasadas, pero que ahora ha sido manifestado a sus santos, a quienes Dios quiso dar a conocer cuáles son las riquezas de la gloria de este misterio entre los gentiles, que es Cristo en vosotros, la esperanza de gloria".** **Colosenses 1:26**

Pablo, a pesar que ya era parte del movimiento que lideraba mi madre, no tenía la aprobación total de Pedro. Siempre dudaba de Pablo por haber perseguido a **"los Seguidores del Camino".** Pasaron más de 14 años para Pedro aceptar a Pablo y darle la mano. Este acto nos enseña que en espíritu no existe tiempo para el perdón. Lo importante es que ocurrió, como vemos a continuación:

Dijo Pablo: "y reconociendo la gracia que me había sido dada, Santiago, Pedro y Juan, que eran considerados como columnas, nos dieron a mí y a Bernabé la diestra en señal de compañerismo, para que nosotros fuésemos a los gentiles, y ellos a la circuncisión". Gálatas 2:9

—La confesión de Pablo al convertirse y dejar de perseguir al Camino, nos da la oportunidad de conocerle más a fondo. Libro: **de Médico a Maestro**, conociendo a Pablo, página 177. —

Yo le encargué a mi madre a Juan, en la cruz, diciéndole: *"Madre he ahí a tu hijo, hijo he ahí a tu madre"*. Esto no implicaba que Juan se la llevara a su casa. Ella tenía su propia casa. De hecho las reuniones de los Seguidores del Camino se llevaban a cabo en el hogar de María, y Juan siempre estaba presente. Juan, como te expliqué representaba en ese momento a cada uno de ustedes. Le estaba entregando la Madre que engendra y hace que nazca el Cristo. María, mi madre, es Madre de los creyentes en la medida que demuestren el Cristo.

—Antes de venir Jesús, Dios colocó una parte de Sí mismo en nuestro interior, **el Cristo**. —

—Esa parte de Dios en nosotros, la semilla divina implantada en nosotros, **"el Cristo"**, nos advierte a expresar y manifestar lo más elevado en nosotros. Es por eso que cada vez que seguimos la Luz, sentimos y expresamos el Bien de Dios. —

—María, como líder espiritual del movimiento, iba a ayudar a encarnar y hacer nacer el Cristo vivo en todos los creyentes. Guiaba a los seguidores para que demostrarán **"el Cristo".—**

—Tener un maestro espiritual es una gran bendición en la vida de una persona. Nuestro maestro espiritual es Jesús.—

Los discípulos sabían dónde encontrar a María y mantenían contacto siempre con ella, pues nunca dejó de liderar al grupo. En su casa se organizaba la agenda de trabajo y se acostumbraba orar antes de comenzar la reunión. Se tomaban decisiones en cuanto a la manera y la forma que se iba a llevar a cabo la tarea evangelizadora.

María era consejera, organizadora, animadora y consoladora en los momentos de necesidad. Sin hacerse casi notar era el alma y corazón del grupo.

El movimiento espiritual de los Seguidores del Camino nació en momentos de persecución extrema. La unidad fue vital en el movimiento y María era la persona más capacitada para llevar a cabo esa tarea unificadora. Todos la respetaban, admiraban y obedecían. El amor a Dios, al prójimo y entre nosotros, era básico en mis enseñanzas. Así que las palabras que pronunciaba resonaban en los oídos del grupo: **"todos somos uno, "el Padre y Yo uno somos".** **Juan 10:30**

Capítulo 13

Las mujeres en el movimiento.

Cuando comencé mis tres años de ministerio no solamente se unieron los doce discípulos, sino muchos familiares, amigos y vecinos. La líder y primera mujer del grupo de la Secta de los Nazarenos fue mi mamá, María. Al crecer el grupo de los convertidos, se denominaron Seguidores del Camino. Desde su origen consistió de hombres y mujeres de fe. Aunque la costumbre judía de mi época no le daba a la mujer el papel preponderante que tiene hoy en día, enseñé desde mis inicios a respetarlas, valorarlas y reconocer en ellas las facultades y derechos que les correspondían.

José ya había pasado a la eternidad de Dios, poco antes del comienzo de mi ministerio. Así que invite a mis discípulos para que se fueran a vivir con nosotros a una casa en Cafarnaún, donde estaban mi madre María y mis hermanos.

María era muy admirada por todos en Nazaret. Durante mi crianza ella me enseñó que todos éramos iguales ante Dios. Su manera de pensar y actuar atrajo no sólo a los hombres a unirse a los Seguidores del Camino, sino que se integraron muchas mujeres deseosas de participar, evangelizando. Antes de integrarse a nosotros, ellas realizaban labores domésticas, cuidaban y educaban a los hijos y administraban el hogar. A las mujeres no les permitían participar evangelizando.

Las primeras mujeres en integrarse al movimiento que lideraba María, fueron:

Ana la profetisa:

Ana, viuda de 84 años, no se apartaba del templo y servía a Dios noche y día con ayunos y oraciones. Ella iba a la misma hora al templo a dar gracias a Dios y hablar de mí a todos los que esperaban la redención de Jerusalén. Además, ella se encontraba en el templo cuando mi mamá me llevó a los ocho días de haber nacido, a presentarme y hacerme la circuncisión. Me contó mi mamá que al despedirnos para regresarnos a Galilea, nuestra ciudad de Nazaret, ella se ofreció a servir. Estuvo a nuestro lado durante mi crianza hasta que partió a la eternidad de Dios y la reconocemos como parte de nuestro grupo de seguidores solidarios. **Lucas 2:37**

—En las Verdades Espirituales sabemos que la circuncisión no es física, es en conciencia. **"La circuncisión es en el corazón, en espíritu, y no según la letra". Romanos 2:29**. Cortamos con todo lo que nos esclaviza, todo pensamiento negativo y aceptamos lo que es divino. —

La mujer Samaritana:

Escogí a una mujer que no era judía, sino Samaritana, para decirle que **"Dios es Espíritu"** y es en espíritu y en Verdad que se le adora. Ese momento me permitió revelar la naturaleza espiritual de Dios.

Desde ese instante ella decide seguirme y me pide que le de agua de vida eterna. Su rostro se llenó de luz cuando le dije:

"Todo el que beba de esta agua volverá a tener sed, pero el que beba del agua que yo le daré, no tendrá sed jamás, sino que el agua que yo le daré, se convertirá en él en una fuente de agua que brota para vida eterna". La mujer le dijo: Señor, dame esa agua, para que no tenga sed ni venga hasta aquí a sacarla. Él le dijo: Ve, llama a tu marido y ven acá. Respondió la mujer y le dijo: No tengo marido. Jesús le dijo: Bien has dicho, *"No tengo marido"*, porque cinco maridos has tenido y el que ahora tienes, no es tu marido; en eso has dicho la verdad. La mujer le dijo: Señor, me parece que tú eres profeta. Nuestros padres adoraron en este monte y vosotros decís que en Jerusalén está el lugar donde se debe adorar. Jesús le dijo: Mujer, créeme; la hora viene cuando ni en este monte ni en Jerusalén adoraréis al Padre. Vosotros adoráis lo que no conocéis; nosotros adoramos lo que conocemos, porque la salvación viene de los judíos. Pero la hora viene y ahora es cuando *los verdaderos adoradores adorarán al Padre en espíritu y en verdad;* porque ciertamente a los tales, el

Padre busca que le adoren. ***Dios es espíritu y los que le adoran deben adorarle en espíritu y en verdad***. La mujer le dijo: Sé que el Mesías viene (el que es llamado Cristo); cuando Él venga nos declarará todo. Jesús le dijo: **"Yo Soy, el que habla contigo". Juan 4:24**

La obscuridad se disipó de la vida de la Samaritana y vino a La Luz de la Verdad. Dios es luz y en Él no hay tiniebla alguna. **Juan 1:5**

Los pensamientos erróneos son los que producen tinieblas en nuestra vida.

Las cuatro mujeres de fe que presenciaron las tres demostraciones de muerte a vida que llevé a cabo en cada año de mi ministerio, se unieron a los Seguidores del Camino. La demostración de muerte a vida: En el primer año- la hija de Jairo; en el segundo año- la mujer viuda, del pueblo de Naín, a la que resucité a su hijo; en el tercer año- las hermanas de Lázaro; Marta y María. A todas se les concedieron sus peticiones, sueños y anhelos.

"La fe es la certeza de lo que se espera, la convicción de lo que no se ve". Hebreos 11:1

La novia de la boda en Caná:

Escogí la boda de una mujer para llevar a cabo mi primer milagro (demostración de la ley divina), la conversión de agua a vino. Mi madre María, como líder de nuestro grupo, participó activamente de la ocasión. Ella llegó primero y fue la que nos recibió.

"Y al tercer día se celebraron unas bodas en Caná de Galilea y estaba mi madre. Y también mis discípulos y Yo. Y faltando el vino, mi madre me dijo: No tienen vino. Yo le dije: Aún no ha llegado mi hora. Mi madre dijo a los que servían: Haced todo lo que Él os diga. Y había allí seis tinajas de piedra para agua, conforme al rito de la purificación de los judíos. En cada una de ellas cabían dos o tres cántaros. Yo les dije: Llenad estas tinajas de agua. Y las llenaron hasta arriba. Entonces les dije: Sacadlas ahora y llevadlas al maestresala (criado de la casa real que se ocupaba de la distribución de la comida y de probarla, para prevenir envenenamientos). Y se las llevaron. Y cuando el maestresala probó el agua hecha vino, sin saber él de dónde era (aunque sí lo sabían los sirvientes que habían sacado el agua), éste llamó al novio y le dijo: Todo hombre sirve primero el buen vino y cuando están satisfechos, entonces el inferior; pero tú has guardado el buen vino hasta ahora". Juan 2:9

La novia, el novio, toda la familia y los invitados se unieron al movimiento y nos siguieron en nuestro camino.

La mujer frente al arca de la ofrenda:

En nuestra época había la costumbre de considerar pobres a las viudas. Nosotros fuimos los primeros en romper con ese estigma que la sociedad de nuestra época les había impuesto. Un grupo de viudas se unió a los Seguidores de Camino y fueron ejemplo viviente de desprendimiento y generosidad. Lo que sucedió en el templo, mientras me encontraba sentado frente al arca de la ofrenda, logró cambiar radicalmente esa actitud.

Jesús me dice: **"Me encontraba sentado frente al arca de la ofrenda y observaba cómo la multitud echaba dinero en el arca de la ofrenda y muchos ricos echaban grandes cantidades. Y llegó una viuda pobre y echó dos pequeñas monedas de cobre, o sea, un cuadrante. Llamé a mis discípulos y les dije: En verdad os digo, que ésta viuda pobre echó más que todos los contribuyentes al tesoro". Marcos 12:42**

La viuda sabía que su provisión venía del Padre. No dudó, ni temió desprenderse de lo que tenía. Libre de posesiones estaba lista para seguirme y la invité diciéndole, **"Ven, sígueme".** María la recibió con sus brazos extendidos y le mostró su rostro de felicidad.

—Dios es la Fuente inagotable de bien. El dador de todo es Dios y toda dádiva viene de Dios. Dios es la Sustancia y la fuente de sustento. —

—Le dije a Jesús: Me imagino a la viuda frente al arca de la ofrenda, reflexionando: **"Mi Dios, suplirá todo lo que me falta conforme a sus riquezas en gloria en Cristo Jesús" — Filipenses 4:19**

—Saber que Dios no es un Dios de cosas, nos ayuda a entender que la prosperidad es la satisfacción de nuestras necesidades. —

La mujer del perfume de nardo:

¿Recuerdas las dos hermanas de Lázaro, Marta y María? Ellas se unieron a los Seguidores del Camino y fue María la que derramó perfume sobre mis pies cuando fui a Betania, donde vivía Lázaro, a quien yo había resucitado.

Ellos hicieron una cena en mi honor. Marta servía los alimentos y Lázaro era uno de los que estaba a mi lado comiendo. María trajo unos trescientos gramos de perfume de nardo puro, muy caro, y perfumó mis pies. Luego me los secó con sus cabellos. Toda la casa se llenó del aroma del perfume. María sabía que el perfume era caro y lo podía usar para los pobres, pero a los pobres los tendría siempre, pero no a mí. **Juan 12**

Marta, la otra hermana de Lázaro, prefería trabajar en labores domésticas y preparar comidas. Cuando se integró a los Seguidores del Camino se le ofreció a María para ayudarla en nuestro ministerio. Preparaba la comida y mantenía los alimentos en óptimo estado. María, la otra hermana de Lázaro, escuchaba mis enseñanzas y participaba más, orando y enseñando.

Los Seguidores del Camino necesitaban de los creyentes que participaban activamente haciendo obras y de los que participaban orando y enseñando. **Juan 11**

María Magdalena:

Fue la escogida para ser la primera mujer en verme después de resucitado.

María Magdalena fue una seguidora muy especial y desde que se unió a nosotros fue fiel al movimiento. Ella se mantuvo al lado de mi madre siempre. Dio testimonio de mi muerte y resurrección cuando evangelizaba, pues vivió esa experiencia al lado de mi madre, tanto en la cruz como en la tumba.

Nota: Por uno de los evangelios decir: *"demonios fueron expulsados de ella"*, el papa Gregorio 1 en el año 591, la declaró trabajadora sexual. Pasaron más de 1,400 años para demostrar que fue víctima de un crimen de mala reputación. En el 1969 la Iglesia Católica **"limpió"** su nombre y el papa actual la nombró formalmente como "apóstol de los apóstoles" en 2016.

La suegra de Pedro:

Estaba muy enferma en cama, con fiebre. Después que la visité y toqué su mano, sanó y se levantó. Se integró al movimiento. **Lucas 4:38**

La viuda de Naim:

La viuda vivía en el pueblo de Naín. Su hijo único murió. Lo resucité en mi primer año de ministerio, utilizando los tres pasos de aceleramiento de muerte a vida.

Lucas 7:12

La hija de Jairo:

La resucité en el segundo año de mi ministerio. A Lázaro lo resucité en el tercer año de mi ministerio. Con los tres utilicé la misma **metodología de tres pasos, de aceleramiento de muerte a vida**.

Elías resucitó al hijo de la viuda de Sarepta, de la misma manera. **1 Reyes 17:8-16**

Eliseo resucitó al hijo de la Sunamita, de la misma manera.

2Reyes 4:8-37

Pedro a Dorca, de la misma manera. **Hechos 9:36**

Pablo a Eutico, de la misma manera. **Hechos 20:7-12**

Verónica, la mujer con flujo de sangre:

Una mujer que padecía de flujo de sangre desde hacía doce años y que había gastado en médicos todo cuanto tenía y por ninguno había podido ser curada, se le acercó a Jesús por detrás, tocó el borde de su manto y al instante se detuvo el flujo de su sangre.

Entonces Jesús dijo: ¿Quién es el que me ha tocado? Y negando todos, dijo Pedro y los que con él estaban: *"Maestro, la multitud te aprieta y oprime, y dices: ¿Quién es el que me ha tocado"?*

Pero Jesús dijo: Alguien me ha tocado; porque yo he conocido que **ha salido poder de mí.**

Cuando la mujer vio que no había quedado oculta, vino temblando, y postrándose a sus pies le declaró delante de todo el pueblo por qué causa le había tocado y cómo al instante había sido sanada.

Y Él le dijo: **Hija, tu fe te ha salvado; ve en paz.**

Lucas 8:43-48

Le reconocí su gran fe desde que me tocó. Poder y energía sanadora y vitalizadora salió de mí. Ella se integró desde ese momento a nuestro movimiento.

Las cuatro hijas de Felipe:

Felipe fue uno de los siete diáconos originales que se escogieron para servir en la iglesia de Jerusalén. Le apasionaba evangelizar y cuando surgió la *"gran persecución",* **se fue de Jerusalén para ser evangelista en Samaria.**-Hechos 8:5-12. Desde allí predicó el evangelio hasta Cesárea, donde descanso al final.

Felipe le llevó el evangelio a un eunuco etíope, un miembro de la corte de Candace: Encontró al eunuco sentado en su carro, leyendo a Isaías y tratando de darle sentido a las palabras del profeta. Felipe se ofreció a explicárselo y el eunuco lo invitó a que se subiera y se sentara con él. Al final, el eunuco se convirtió.

Felipe tenía cuatro hijas solteras que profetizaban. Los profetas eran personas que hablaban de Dios. Las mujeres profetas se dedicaban a la oración y la enseñanza. Ellas eran muy respetadas y se unieron a nuestro movimiento.

Hechos 21:8-9 / Hechos 8:26-39

Pablo convirtió a muchas mujeres de las distintas iglesias que él visitaba, las cuales se unieron a los Seguidores de Camino. Entre ellas están:

Febe:

Pablo la presentó a los Seguidores del Camino diciendo: **"os recomiendo a nuestra hermana Febe, la cual es diaconisa de la iglesia en Cencrea; que la recibáis en el Señor, como es digno de los santos y que la ayudéis en cualquier cosa que necesite de vosotros; porque ella ha ayudado a muchos y a mí mismo".**

Romanos 16:1-2

Junia:

Junia y Andrónico eran miembros de la iglesia en Roma y fueron parte de los fundadores de la iglesia allí. Pablo les envía saludos en Romanos 16: 7 y habla cálidamente de ellos, mencionando que se habían convertido en cristianos antes que él. Andrónico y Junia habían sufrido persecución a causa de su fe y en algún momento habían sido compañeros de prisión con Pablo. Pablo también establece que Andrónico y Junia eran "muy estimados entre los apóstoles."

"Saludad a Andrónico y a Junia, mis parientes y mis compañeros en la cautividad, los que son insignes entre los apóstoles; los cuales también fueron antes de mí en Cristo". Romano 16:7

—María sabía que Jesús predicaba el Reino de los Cielos para todos y sin distinción. ÉL no solo ayudaba a las mujeres, si no que las incluía en el Reino que Él predicaba.

Las incluyó en una de sus parábolas y el mejor ejemplo es el siguiente:

"El reino de los cielos es semejante a la levadura que tomó una mujer y la metió en tres medidas de harina, hasta que fermentó todo". Mateo: 13:33 —

—María consideraba que ellas eran la fuerza y el motor para la continuación del movimiento y de la misión de Jesús. Las mujeres habían recibido de Jesús la dignidad y el sentido de vida, y había llegado el momento de ser mensajeras, para anunciar el poder de la vida, tomando como ejemplo Su muerte y resurrección. —

—Los discípulos perseveraron en la oración en compañía de algunas mujeres. La presencia de las mujeres en los inicios es real, y sobre todo, lo certifican los mismos textos.— **Hechos 1:14**

—Hombres y mujeres vivían en igualdad, compartiendo responsabilidad, enseñanza y pan en sus casa, aparte de acudir a los templos domésticos (sus casas), donde compartían experiencias con los hijos, para convertirlos. —

Hechos 2:42-47 y 4:32-36

Tabita:

Era modista y hacía *"infinidad de obras buenas y limosnas"*. Se enfermó y murió. Pedro la resucitó utilizando Mi metodología de tres pasos, de levantamiento de muerte a vida, que yo le enseñé. Así es que **lo primero que hizo Pedro fue establecerse en conciencia** de fe; se arrodilló y oró. **Lo segundo;** miró su cuerpo **y negó la realidad a la muerte** y tercero, **se dirigió al Cristo en Tabita y le ordenó "Levántate, y la levanto".**

Los tres pasos de levantamiento de muerte a vida son:

1-Establecerse en conciencia de fe.

2-Negar la realidad a la muerte.

3-Dirigirse al Cristo en la persona.

"Había en Jope una discípula llamada Tabita (Dorcas). Esta se esmeraba en hacer buenas obras y en ayudar a los pobres. Sucedió que en esos días cayó enferma y murió. Pusieron el cadáver, después de lavarlo, en un cuarto de la planta alta. Y como Lida estaba cerca de Jope, los discípulos al enterarse de que Pedro se encontraba en Lida, enviaron a dos hombres a rogarle: ¡Por favor, venga usted a Jope en seguida!
Sin demora, Pedro se fue con ellos y cuando llegó lo llevaron al cuarto de arriba. Todas las viudas se presentaron, llorando y mostrándole las túnicas y otros vestidos que Dorca les había hecho.

Pedro hizo que todos salieran del cuarto; luego se puso de rodillas y oró. Volviéndose hacia la muerta, dijo: "Tabita, levántate". Ella abrió los ojos y al ver a Pedro, se incorporó. Él, tomándola de la mano, la levantó. Luego llamó a los creyentes y a las viudas, a quienes la presentó viva. La noticia se difundió por todo Jope y muchos creyeron en el Señor.

Hechos 9:36

Libro: **de Médico a Maestro, volumen 1** Verdades Espirituales; Aceleramiento de muerte a vida. Páginas 213-218

Misión de los setenta:

Después de estas cosas, designé a setenta, a quienes envié de dos en dos delante de mí, a toda ciudad y lugar adonde yo había de ir. Y les decía: **"La mies, a la verdad, es mucha, más los obreros, pocos; por tanto, rogad al Señor de la mies que envíe obreros a su mies. Id; he aquí, yo os envío como corderos en medio de lobos. No llevéis bolsa, ni alforja, ni calzado, y a nadie saludéis por el camino".**

En cualquier casa donde entréis, primeramente decid: **"Paz sea a esta casa. Y si hubiere allí algún hijo de paz, vuestra paz reposará sobre él, y si no, se volverá a vosotros. Y posad en aquella misma casa, comiendo y bebiendo lo que os den; porque el obrero es digno de su salario. No os paséis de casa en casa".**

En cualquier ciudad donde entréis y os reciban, comed lo que os pongan delante y sanad a los enfermos que en ella haya y decidles: **"Se ha acercado a vosotros el reino de Dios".**

Mas en cualquier ciudad donde entréis y no os reciban, saliendo por sus calles, decid: **"Aun el polvo de vuestra ciudad, que se ha pegado a nuestros pies, lo sacudimos contra vosotros. Pero esto sabed, que el reino de Dios se ha acercado a vosotros. Y os digo que en**

aquel día será más tolerable el castigo para Sodoma, que para aquella ciudad". Lucas 10:1-24

Capítulo 14

La gran comisión

La fe mueve montañas. María, la líder del movimiento, estaba lista, abierta y preparada para ejecutar la orden dada por Mí. Evangelizar a toda criatura del mundo era un reto extraordinario, solo lo podían llevar a cabo los que habían dejado de mirar atrás, para seguir el camino superior. A ese mandato que yo les di: **"vayan y hagan discípulos de todas las naciones"**, se le conoce como **la gran comisión**. El movimiento evangelizador más grande que se ha llevado a cabo en la historia de la humanidad estaba a punto de ocurrir.

"Por tanto, vayan y hagan discípulos de todas las naciones, bautizándolos en el nombre del Padre y del Hijo y del Espíritu Santo, enseñándoles a obedecer todo lo que les he mandado a ustedes. Y les aseguro que estaré con ustedes siempre, hasta el fin del mundo".

Mateo 28:19-20

"Id por todo el mundo y predicad el evangelio a toda criatura". Marcos 16:15

"Cuando venga el Espíritu Santo sobre ustedes, recibirán poder y serán mis testigos, tanto en Jerusalén como en toda Judea y Samaria y hasta los confines de la

tierra. Pero recibiréis poder cuando haya venido sobre vosotros el Espíritu Santo y me seréis testigos en Jerusalén, en toda Judea, en Samaria y hasta lo último de la tierra" Hechos 1:8

Al llevar a cabo Mí resurrección, el movimiento evangelizador se concretó. Todos los que me vieron estuvieron dispuestos y listos a evangelizar y morir por su fe, porque la resurrección fue un hecho real en sus vidas. A los que no me vieron después de resucitado, les dije:
"Yo Soy la resurrección y la Vida". // "Bienaventurados los que no vieron y creyeron". Juan 20:29

Los discípulos, mi madre María, María Magdalena y las otras personas que las acompañaron al sepulcro, todos fueron testigos de ese acontecimiento.

Jesús me dijo: Nadie en su sano juicio predicaría lo que no vio y mi resurrección fue el principal mensaje evangelizador. El hecho de que todos los apóstoles estuvieron dispuestos a padecer horribles muertes, rehusando a renunciar a su fe en Cristo, es una tremenda evidencia de que ellos realmente me vieron resucitado.

Mis discípulos tenían bien claro el mensaje que iban a ofrecer y lo que iban hacer. Yo les dije: **"Predicad diciendo: el reino de los cielos se ha acercado. Sanad enfermos, limpiad leprosos, resucitad muertos; de**

gracia recibisteis, dad de gracia. Si en algún lugar o casa no te reciben, ni oyen tus palabras, salir de allí y sacudid el polvorín de tus pies". **Mateo 10:7-14**

Les dije además que: **"A cualquiera que me confiese delante de los hombres, yo también le confesaré delante de mi Padre".** **Mateo 10:32**

María conocía la ley de preparación y con antelación había preparado el plan divino a seguir de cada discípulo y de los miembros activos disponibles.

Cómo líder, María sabía y conocía los atributos de cada uno de los miembros. Sabía que todos habían recibido el Espíritu Santo el día de Pentecostés. Al conocerlos a todos, conocía su fe, fortaleza, tenacidad y los frutos del Espíritu, que los guiarían a su destino y misión.

Trazó el plan divino y **¿A dónde los envió?**

Capítulo 15

Destino y misión evangelizadora

Jesús me dice: Cuando comencé mi ministerio escogí primero llevarle el mensaje a mi pueblo judío y se lo hice saber en diferentes ocasiones a mi madre y a mis discípulos. Al igual que Moisés, subí al monte. Él bajó con los diez Mandamientos y yo bajé con ocho Bienaventuranzas o Actitudes de ser.

La manera de pensar de mi madre María era muy digna. Ella respetaba a todas las personas y entre ambos acordamos extender mis enseñanzas hasta los confines de la tierra. Ella siempre mantenía la esperanza de llevar la palabra a toda la humanidad y no a un pueblo en particular. Estuve de acuerdo con ella y esperamos el momento de Dios. Así es que cuando llegó el momento de evangelizar, ella envió a todos los comprometidos a los diferentes destinos que ellos escogieron.

El tiempo de Dios se cumplió. El momento de evangelizar a otras naciones y llegar a los confines de la tierra había llegado. El ambiente de persecución extrema en nuestra región favorecía a movernos. Los Seguidores del Camino habían crecido en conciencia y en número. El mensaje de Salvación y transformación había penetrado en el corazón y en el alma de las personas, a medida que se realizaban demostraciones milagrosas de sanación, curación y aceleramiento de muerte a vida. La promesa del Reino de los Cielos de la primera y última bienaventuranza, se estaba entendiendo y haciéndose realidad. Dejó de ser algo lejano e imposible de alcanzar.

María les dejó a los discípulos y a cada líder que se añadía al movimiento evangelizador, la opción de escoger la ruta y el camino a seguir.

Y ¿A dónde fueron?

Pedro comenzó su misión evangelizadora el mismo día que sale de la reunión celebrada en el aposento alto, donde recibe la unción del Espíritu Santo. Tres mil personas que vinieron a creer, fueron convertidas al oír su mensaje. Todas fueron bautizadas en el nombre de Jesucristo.

—Cuando oramos en el nombre y por el poder de Jesucristo, reconocemos Su Presencia y Su Poder. De esta manera efectuamos una reunión con Su mente y aumenta nuestra comprensión espiritual. Al orar en Su nombre reconocemos la Ley de Afinidad de pensamiento. Jesús afirmó unidad espiritual para todos los que lo proclaman como Su guía espiritual. Los que creen en Su nombre, señales de bien les acompañarán, sanarán enfermos y tendrán poder de palabra senadora. La fe en Jesús permite que proclamemos esa fe en Su nombre. Cuando pronunciamos Su nombre hacemos contacto con la mente de Jesús y tenemos la confianza y la certeza de que Él está presente, como dinámica fuerza dadora de vida. Jesús sabía que el sanador y la Luz de vida sanadora están en nosotros.—

Pedro les dijo: **"Arrepentíos y sed bautizados cada uno de vosotros en el nombre de Jesucristo para perdón de vuestros pecados, y recibiréis el don del Espíritu Santo". Hechos 2:38**

Pedro vivió en Betsaida y Capernaúm. Era Galileo. El nombre verdadero en griego era Simón (roca) y en hebreo era Cefás, que también significa roca.

Hizo trabajo evangelizador y misionero entre los judíos. Llegó tan lejos como a Babilonia. Finalizó su misión en Roma y murió crucificado. Pedro solicitó que lo crucificaran cabeza abajo porque no era digno de morir como Jesús había muerto.

Andrés, hermano de Pedro y discípulo de Juan El Bautista, se fue a Grecia. Predicó en Escitia. También predicó por los alrededores del mar Negro y del río Dniéper hasta llegar a Kiev, que hoy día pertenece a Rusia. Desde ahí fue a Nóvgorod. Mi relación con Andrés comenzó cuando llegue al río Jordán y Juan El Bautista me presentó, diciendo: **"ahí está el Cordero de Dios".** Andrés, que se encontraba en el lugar, me siguió.

Luego Andrés le dijo a su hermano Pedro que me había encontrado y lo llevó ante mí. Inmediatamente nombré a Pedro mi discípulo. Andrés es, en efecto, el primero de los discípulos que vino a mí y me trajo a su hermano Pedro.

Uno de los dos que oyeron a Juan El Bautista y me siguieron a Mí, fue Andrés. Lo primero que hizo Andrés fue buscar a su hermano Simón. Le dijo: **"Hemos encontrado al Mesías"** (que significa: Cristo).

Andrés fue mi primer discípulo. Luego buscó a Simón y cuando lo llevó donde yo estaba le dije:
"Tú eres Simón, hijo de Jonás, serás llamado Cefas, que quiere decir, Pedro". Juan 1:40

Fue Andrés el que me presentó al joven que tenía comida, pero que solo contaba con cinco panes de cebada y dos peces. Con esa cantidad pude llevar a cabo la demostración de la multiplicación de los panes y los peces. Cinco mil personas se alimentaron. Andrés también estuvo presente en la última cena.

En la ocasión que unos griegos quisieron hablar conmigo, hablaron primero con Felipe y él se dirigió a Andrés, que a su vez me lo comunicó.

Entre la gente que había ido a Jerusalén a adorar durante la fiesta, habían algunos griegos. Éstos se acercaron a Felipe, que era de Betsaida, un pueblo de Galilea, y le rogaron: *"Señor, queremos ver a Jesús"*. Felipe fue y se lo dijo a Andrés y los dos fueron a contármelo.

Yo les dije: **"Ha llegado la hora en que el Hijo del hombre va a ser glorificado. Les aseguro que si el grano de trigo al caer en tierra no muere, queda él solo; pero si muere, da abundante cosecha. El que ama su vida, la perderá; pero el que desprecia su vida en este mundo, la conservará para la vida eterna. Si alguno quiere servirme, que me siga; y donde yo esté, allí estará también el que me sirva. Si alguno me sirve, mi Padre lo honrará"**. **Juan 12:20**

Andrés murió en Grecia. Fue crucificado en una cruz en forma de "X". Después de haber sido azotado severamente por siete soldados, ellos ataron su cuerpo a la cruz con cuerdas, para prolongar su agonía.

Santiago:

Santiago predicó en Jerusalén y Judea y fue decapitado por Herodes, en el año 44. Se le llamaba el Mayor, para distinguirlo del otro apóstol, Santiago el Menor, que era más joven que él. Son sus padres Zebedeo y Salomé. Vivían en la ciudad de Betsaida, junto al Mar de Galilea, donde tenían una empresa pesquera.

No eran podres pescadores tenían obreros a su servicio y su situación económica era bastante buena, pues podían ausentarse del trabajo por varias semanas, como lo hizo su hermano Juan cuando se fue por una temporada para el Jordán, a escuchar a Juan El Bautista. **(La pesca Milagrosa)** **Lucas 5:1-11**

Santiago, hermano de Juan, se fue a España. Siguió la ruta que hoy se conoce mundialmente como el *"camino de Santiago"*. El trayecto no fue fácil, pues al igual que los otros evangelizadores y primeros cristianos, confrontaron muchas persecuciones.

En España fue rechazado por los celtas, pueblos dominantes en esa región. Se defendió, luchó contra los celtas y pudo llegar a su destino final, Santiago de Compostela.

Hoy en día el camino de Santiago es la ruta de peregrinaje más utilizada por peregrinos de todo el mundo cristiano.

Santiago no se quedó en España, sino que regresó a Jerusalén para encontrarse con los discípulos, pues habían decidido permanecer al lado de mi madre María hasta que ella pasara a la eternidad de Dios.

Fue el primero de los doce en convertirse en mártir. Murió decapitado por una espada.

Juan se fue a Asia Menor a predicar a las iglesias de allí. Luego, fue desterrado en la isla de Patmos, Grecia. Fue en Patmos que escribió el libro Apocalipsis, que también se conoce como Revelación.

Fue liberado y murió de muerte natural. Fue el más longevo de todos los discípulos y le llamaban el anciano. Escribió cinco libros; el evangelio de Juan, las tres cartas de Juan y el Apocalipsis. El evangelio de Juan y el Apocalipsis son libros de alto contenido metafísico. Esos dos libros no se pueden interpretar literalmente.

Felipe:

Felipe se fue a predicar a Frigia, actualmente Turquía, y a Escitia, actualmente Moldavia, a Ucrania, Hungría y el este de Rusia. Murió crucificado y apedreado en Hierapolis.

Felipe era originario de Betsadia (Galilea). Junto con Andrés, son los únicos que tienen nombres griegos entre los apóstoles. Felipe es quien invita a Bartolomé (Natanael) a conocerme. **Juan 1:45**

Bartolomé:

Lo conocían como Natanael y se fue de misionero a Asia. Se transformó en uno de los misioneros más aventureros. Predicó con Felipe en Phrygia, Hierápolis y también en Armenia. Predicó en India y su muerte parece haber tenido lugar allí.

Tomás:

Vivió en Galilea. Predicó el evangelio a los partos, medos, persas e hircanios y escogió ir a evangelizar a la India.

Tomás, al principio estaba confundido y se cuestionó mi resurrección. Vio y no creyó. Eso es muy humano y por eso le di la oportunidad de introducir su dedo en mi costado, pues había dicho que a menos que viera las marcas en mis manos y en mi costado, no iba a creer. La duda, que es contrario a creer, me permitió reconocer a los creyentes que no vieron y creyeron.

"Tomás, porque me has visto y te di la oportunidad de introducir tu dedo en mi costado, creíste; bienaventurados los que no vieron y creyeron".

Juan 20:29

Por esto Tomás llegó a ser conocido como Tomás el incrédulo.

Mateo:

Se fue a Etiopía, actualmente África, a evangelizar y allí murió por una herida de espada. Entre los doce primeros discípulos, Mateo y Juan fueron los únicos dos que escribieron evangelios en el Nuevo Testamento. Los otros dos evangelios los escribieron Lucas y Marcos. Marcos era secretario de Pedro y Lucas era discípulo de Pedro.

Su nombre original era Leví y adoptó el nombre de Mateo cuando se convirtió y me siguió. Fue un publicano o cobrador de impuestos. Él escribió el evangelio que lleva su nombre.

El hecho sobresaliente sobre Mateo es que fue un recaudador de impuestos y éstos eran odiados no sólo sobre el terreno religioso, sino también porque la mayoría eran notablemente injustos.

Aun así, lo escogí y lo hice uno de los nuestros. Todos pensaban que era imposible reformar a Mateo, pero para Dios todas las cosas son posibles. Mateo convirtió al cristianismo a la sobrina de un rey. El rey se quería casar con ella y lo decapitó con su espada por haberla convertido al cristianismo. Murió como mártir en Etiopía.

Santiago:

Santiago (hijo de Alfeo), se fue a Palestina y Egipto. Fue crucificado en Egipto. Es el autor de la carta del Nuevo Testamento que lleva su nombre, *"la carta de Santiago"*. Los fariseos y escribas se enfurecían cuando él predicaba. Santiago fue martirizado. Lo apedrearon y mientras rogaba a Dios de rodillas por sus asesinos, como tardaba en morir, es golpeado en la cabeza con una maza hasta morir.

—En las Verdades Espirituales él representa la facultad del Orden. —

El Orden Divino en la espiritualidad significa:

1-Que todo está trabajando de un modo correcto;

2-Vemos a cada persona o cada evento como parte íntegra de ese orden;

3-No hacemos nada para que suceda, pues el Orden Divino ya es parte de nuestras vidas". —

Tadeo:

Comenzó predicando cerca del río Éufrates. Allí sanó a varios y convirtió a muchos, que se añadieron a los Seguidores del Camino. Luego se fue a evangelizar a Asiria, la parte norte de Persia, actualmente Irán.

Era hijo de Alfeo o Cleofás, y María. Tadeo era hermano de Santiago, el hijo de Alfeo (Cleofás), quien era hermano de mi padre José. Cleofás se casó después de enviudar de su primer matrimonio, del que nació Judas Tadeo. Su esposa se conoció como María de Cleofás. Por lo tanto, Santiago y Tadeo eran mis primos y sobrinos de José y María.

La carta de Judas en el Nuevo Testamento es atribuida a Judas Tadeo. Murió en Persia, le cortaron la cabeza.

Judas Iscariote:

Se dice que Judas vino de Judá, cerca de Jericó. Él era judío y el resto de los discípulos eran Galileos.

—El evangelio de Judas se descubrió en el 1970 y tras varias evaluaciones se confirmó la autenticidad del escrito, que contiene diversos detalles sobre la vida de Judas y su relación con Jesús. En el documento se comenta que fue Jesús quién le pidió a su apóstol Judas Iscariote que lo traicionara, puesto que su traición era parte fundamental en el plan de Jesús. Era necesario que Jesús pasara por la muerte de cruz para que se diera la resurrección y así poder salvar al hombre y liberar al Espíritu Santo de su cuerpo mortal. En otras palabras, para que se cumpliera la Escritura. —

El libro de Hechos, escrito por Lucas, explica que cuando los apóstoles buscaban a un sustituto de Judas, Pedro tomó la palabra y dijo: **"Hermanos, era necesario que se cumpliera la Escritura, en la que el Espíritu Santo, por medio de David, había dicho ya acerca de Judas; que fue el guía de los que apresaron a Jesús. Judas era uno de los nuestros y obtuvo un puesto en este ministerio".**

Judas Iscariote compró una finca con el dinero que le pagaron. En la finca se cayó de cabeza, su cuerpo se reventó y se le salieron todos sus intestinos. Cuando los habitantes de Jerusalén lo supieron, denominaron aquel sitio como "Campo de Sangre". **Hechos 1:16-19**

—Lucas no menciona que Judas se ahorcó, como lo dice Mateo y atribuye su muerte a una caída en su finca. —

Matías:

¿Recuerdas la reunión que se celebró en el aposento alto el día de Pentecostés? Allí María invitó a ciento veinte seguidores del grupo que ella lideraba. El propósito principal era recibir el Espíritu Santo por los asistentes y elegir al sustituto de Judas Iscariote. Tan pronto llegaron los asistente a la reunión, se llevó a cabo la oración y se seleccionó a Matías. **Hechos 1:15-26**

Te digo que Matías fue apedreado y murió decapitado.

Santiago el menor:

Santiago, miembro de nuestra familia e hijo menor de José, mi padre de crianza, se quedó en Jerusalén y fue líder de la Iglesia. Santiago es el hijo menor de José, que mi madre María ayuda a criar, por lo tanto es mi hermano de crianza. Por esa razón lo conocen como Santiago, hijo de María. Murió cuando fue atacado con un garrote por sus enemigos.

La resurrección fue un hecho real en la vida de mi madre María, de María Magdalena, de los discípulos y de los otros seguidores que la acompañaron al sepulcro.

Capítulo 16

Cristianos//Diáconos

Los Seguidores del Camino se esparcieron a causa de la persecución y pasaron a Fenicia, Chipre y Antioquía.

En Antioquía, Pablo y Bernabé se reunieron con la iglesia por todo un año y enseñaban a las multitudes. Fue en Antioquía que a los discípulos se les llamó cristianos por primera vez. **Hechos 11:26**

Te he contado de los discípulos, a dónde escogieron ir y cómo murieron. Antes de contarte a donde se fue María, quería reconocer a los diáconos de la Iglesia primitiva y decirte que ellos jugaron un papel muy importante en mi ministerio. Fueron muy leales a mi madre, ayudándola en las tareas que ella les asignó.

Había llegado un momento en que los doce discípulos no podían con tanto trabajo y hablaron con mi madre. Ella les recomendó que les dijeran a los creyentes que buscaran entre ellos mismos a siete hombres de buen testimonio, llenos del Espíritu Santo y de sabiduría. Así lo hicieron y los discípulos les impusieron las manos y los ordenaron diáconos. Los primeros siete diáconos fueron: Felipe, Esteban, Nicanor, Nicolás, Pármenas, Prócoro y Timón.

Se reunían a escondidas, pues había mucha persecución y cuando eran apresados sufrían castigos que conllevaban a la muerte.

Esteban:

Además de diácono y pertenecer a los Seguidores del Camino bajo el liderato de María, fue el primer mártir que derramó su sangre por proclamar su fe en Jesucristo. Fue condenado a morir por lapidación, medio de ejecución muy antiguo donde los asistentes lanzaron piedras hasta matarlo.

Felipe:

Además de diácono y pertenecer a los Seguidores del Camino en Jerusalén, predicó e hizo milagros en Samaria, convirtió a Simón el Mago y bautizó a un eunuco etíope en Gaza. Más tarde, vivió en Cesárea, junto con sus cuatro hijas y allí recibió la visita de Pablo.

Al otro día, saliendo Pablo y los que con él estábamos, fuimos a Cesárea; y entrando en casa de Felipe el evangelista, que era uno de los siete, posamos con él. Este tenía cuatro hijas doncellas que profetizaban. Y permaneciendo nosotros allí algunos días, descendió de Judea un profeta llamado Agabo, quien viniendo a vernos, tomó el cinto de Pablo, y atándose los pies y las manos,

dijo: **"Esto dice el Espíritu Santo: Así atarán los judíos en Jerusalén al varón de quien es este cinto, y le entregarán en manos de los gentiles"**.
Al oír esto, le rogamos a Pablo que no subiese a Jerusalén. Entonces Pablo respondió: ¿Qué hacéis llorando y quebrantándome el corazón? Yo estoy dispuesto no sólo a ser atado, más aun a morir en Jerusalén por el nombre del Señor Jesús. **Hechos 21:8-13**

—Es importante el hecho de que todos ellos estuvieron dispuestos y listos a evangelizar y morir por su fe. —

—Todos escogieron voluntariamente el lugar donde prefirieron evangelizar. Consiguieron el apoyo y el consentimiento total de María, quien era la líder indiscutible a quien respetaban, honraban y amaban incondicionalmente. —

Pablo:

Jesús me dijo: Pablo fue el único que no escogió el sitio a donde iba a evangelizar. Yo le asigné a donde debía ir y se lo dejé saber. *"Porque instrumento escogido me es éste, para llevar mi nombre en presencia de los gentiles, y de reyes, y de los hijos de Israel"*.

—Pablo fue la última persona que, de camino a Damasco, vio a Jesús resucitado. En ese encuentro Jesús lo confrontó, pues estaba persiguiendo a los Seguidores del Camino y por consiguiente, a Su madre María. —

—Vamos a ver qué dice Lucas de ese encuentro entre Jesús y Pablo (Saulo). —

"Saulo, respirando aún amenazas y muerte contra los discípulos del Señor, vino al sumo sacerdote, y le pidió cartas para las sinagogas de Damasco, a fin de que si hallase algunos hombres o mujeres de este Camino, los trajese presos a Jerusalén. Aconteció que al llegar cerca de Damasco, repentinamente le rodeó un resplandor de luz del cielo; y cayendo en tierra, oyó una voz que le decía: Saulo, Saulo, ¿por qué me persigues?

Él dijo: ¿Quién eres, Señor? Y le dijo: Yo soy Jesús, a quien tú persigues; dura cosa te es dar coces contra el aguijón.

El, temblando y temeroso, dijo: Señor, ¿qué quieres que yo haga? Y el Señor le dijo: Levántate y entra en la ciudad, y se te dirá lo que debes hacer.

Y los hombres que iban con Saulo se pararon atónitos, oyendo a la verdad la voz, más sin ver a nadie.

Entonces Saulo se levantó de tierra, y abriendo los ojos, no veía a nadie; así que, llevándole por la mano, le metieron en Damasco, donde estuvo tres días sin ver, y no comió ni bebió.

Había entonces en Damasco un discípulo llamado Ananías, a quien el Señor dijo en visión: Ananías. Y él respondió: Heme aquí, Señor.

Y el Señor le dijo: Levántate y ve a la calle que se llama Derecha y busca en casa de Judas a uno llamado Saulo, de Tarso; porque he aquí, él ora, y ha visto en visión a un varón llamado Ananías, que entra y le pone las manos encima para que recobre la vista.

Entonces Ananías dijo: Señor, he oído de muchos acerca de este hombre, cuántos males ha hecho a tus santos en Jerusalén;

Y aun aquí tiene autoridad de los principales sacerdotes para prender a todos los que invocan tu nombre.

••Jesús le dijo: Ve, porque instrumento escogido me es éste, para llevar mi nombre en presencia de los gentiles y de reyes, y de los hijos de Israel; porque yo le mostraré cuánto le es necesario padecer por mi nombre••

Fue entonces Ananías y entró en la casa, y poniendo sobre él las manos, dijo: Hermano Saulo, el Señor Jesús, que se te apareció en el camino por donde venías, me ha enviado para que recibas la vista y seas lleno del Espíritu Santo.

Y al momento le cayeron de los ojos, como escamas, y recibió al instante la vista; y levantándose, fue bautizado.

Y habiendo tomado alimento, recobró fuerzas. Y estuvo Saulo por algunos días con los discípulos que estaban en Damasco". **Hechos 9:1-19**

—Pablo después de conocer a Jesús se convierte y acepta Sus enseñanzas. Jesús lo envía a Ananías, quien le enseña todo detalle del mensaje del Reino; las parábolas, los milagros, las curaciones y sanaciones que llevó a cabo

Jesús. Conoció la vida de Jesús y la de Su madre María y se dedica a interpretar Sus enseñanzas espirituales y a enseñarlas.—

Capítulo 17

¿A dónde se fue María?

María se mantuvo en Jerusalén dirigiendo el movimiento y manteniendo contacto con los Seguidores del Camino, a través de cartas enviadas con mensajeros, a las diferentes comunidades.

En las comunidades donde llegaban los discípulos se establecían grupos de seguidores, a los cuales Pablo les llamaba iglesias. Pablo, al igual que María, se comunicaba a través de cartas, pues ellos no podían estar presentes debido a la distancia. Un líder espiritual estaba a cargo de cada uno de estos grupos.

El mensaje germinaba a paso acelerado y se dispersaba, a pesar de la persecución. Después de la resurrección, María continuó dirigiendo a los primeros cristianos por catorce años.

Ella pasó un gran tiempo junto a Juan en Éfeso. Juan le construyó una pequeña casa de piedra en el campo, cerca de Éfeso, hoy Turquía, y allí pasaron juntos varios años cumpliendo con mi deseo de que mi madre se fuera con Juan. Sus responsabilidades como líder del movimiento la hicieron regresarse a su casa cerca del monte de los Olivos, en Jerusalén.

Un día, retirada en meditación, siente en su alma y corazón el deseo de volver a verme y estar conmigo.

Un ángel se le presentó diciéndole las siguientes palabras: *"Yo te saludo, a ti que estás bendita por el Señor, he aquí que te he traído una rama de palmera procedente del paraíso de Dios, y que tu harás llevar delante de tu ataúd, cuando dentro de tres días pases a la eternidad de Dios*".

María le dijo al ángel: *"Te pido que todos los discípulos de Jesús se reúnan en torno a mí".*

Los discípulos fueron avisados y todos regresaron a Jerusalén para estar a su lado en esos momentos. Pablo también llegó a acompañar a María. Pasaron tres días en oración y al tercer día el sueño se apoderó de todos los que estaban en la casa, excepto de los discípulos y tres vírgenes que acompañaban a María.

Yo, Jesús, me presenté en la casa y le dije a mi Madre:

"Ven tú, la elegida por mí, perla muy preciosa, entra en la morada de vida eterna".

"Yo estaré contigo para protegerte. Ven, pues en paz".

María se acostó en su cama y dando gracias, se entregó en los brazos amorosos de Dios.

Las tres vírgenes tomaron el cuerpo de María y lo lavaron, según la costumbre común para los funerales.

Juan fue el escogido por los discípulos para portar la rama de palmera que le había entregado el ángel a María. Pablo, Pedro y los discípulos llevaron el cuerpo hasta el sepulcro en el valle de Josafat.

Cuando estaban en el sepulcro me presenté y les dije:
"Mi Padre eligió a María entre las doce tribus de Israel para que yo habitase en ella. ¿Qué queréis ustedes que haga con ella"?

Ellos me contestaron: *"A nosotros nos parecería justo que lo mismo que habiendo vencido la muerte, Tú reinas en la gloria, resucites el cuerpo de María y la conduzcas al cielo llena de alegría".*

Procedí a llevar a cabo mi cuarta resucitación, la de mi madre María, diciéndole:

"Levántate, madre amada; tú no has sentido corrupción por contacto del hombre, no sufrirás la destrucción de tu cuerpo en la sepultura".

Cuando María se levantó, la besé y la devolví a los ángeles para que la llevasen al paraíso.

—María probó la tumba, pero la intervención divina de Su hijo Jesús, hizo que no se quedase en ella.—

Luego, abracé a cada uno de mis discípulos y les dije: *"Que la paz sea con ustedes, yo estaré siempre con ustedes hasta la consumación de los siglos"*.

Los discípulos se regresaron al mismo lugar donde estaban predicando. Siguiendo la guía divina, Dios los dirigió al cumplimiento de sus sueños y la Luz de Dios les iluminó el sendero.

Fin

Todo comenzó con María, la gracia y el amor divino se derramaron en todo su ser. Fue la elegida entre todas las mujeres para llevar a cabo la misión más sublime que se le ha asignado a un ser humano, ser la madre del Salvador.

Cuidó, crío, educó y apoyo a su hijo, mesías y Salvador de la humanidad, en su misión, visión y propósito. Se apropió desde el principio del mismo propósito de Jesús, hacer la voluntad del Padre. Y lo apoyo en su misión de sanar y enseñar su divinidad al hombre, cómo hijo de Dios y heredero de todo Su bien.

Desde el comienzo lideró a un pequeño grupo que se les llamó la Secta de los Nazarenos y al aumentar los convertidos, pasaron a llamarse los Seguidores del Camino.

Fueron incontables las mujeres y los hombres de fe que se unieron a los Seguidores del Camino.

Ese movimiento vino a ser el fundamento de la filosofía más grande de Occidente, el Cristianismo.

En la historia del cristianismo ha sido María la mujer más amada por la humanidad. El legado de María está vivo en el corazón de todo cristiano.

Bendiciones, Dr. Víctor Arroyo

Referencia:

La mayoría de las referencias bíblicas las seleccioné de los dos libros que escribió Lucas. Sus dos libros, el evangelio de Lucas 70-80 E C y el libro de Hechos de los Apóstoles (80 E C), los escribió usando el método investigativo y científico. Su preparación como médico y escritor la combinó muy certeramente, poniéndola en práctica, investigando, recopilando, ordenando, detallando y corroborando, para informar correctamente sus hallazgos.

Por las fechas de sus libros creemos que todo lo que Lucas escribió acerca de la infancia de Jesús parece haber sido en su mayoría, de información directa de María.

Lucas, como escritor interesado en la vida de María y de Jesús supo detallar la información que obtuvo, de manera precisa y ordenada.

Recopiló e investigó hasta la saciedad la vida de María. Contactó personas que vivieron durante la vida, el ministerio y la resurrección de Jesús.

Nunca llegó a conocer personalmente a Jesús, pues la ciudad grecorromana de Antioquía donde nació y vivió Lucas, quedaba a mil kilómetros de distancia de Jerusalén.

Lucas: Nació en Antioquía, Siria. Médico, escritor y evangelista. Al parecer conoció a María, la madre de Jesús. Su deseo de conocer las enseñanzas de Jesucristo lo llevó a conocer a Pablo alrededor del año 50 E.C. (Era Común). Se convirtió y se hizo discípulo de Pablo y evangelista. Acompañó a Pablo en sus viajes misioneros y de él también recibió información personal de María. Su evangelio se basa en testimonios que recogió de los mismos apóstoles y de María.

Lucas es el único evangelista en la Biblia que afirma y deja claro que él investigó con diligencia todas las cosas desde su origen, para escribirlas en orden. Añade que lo hizo para que conocieran bien la verdad de las cosas.

María / Jesús
Verdades Espirituales
Conceptos / Historia / Biblia

de la Anunciación a la Resurrección, María, es el reconocimiento del autor a la madre de Jesús, el maestro espiritual más avanzado en la historia de la humanidad.

María, la máxima líder espiritual de la primera comunidad cristiana, los Seguidores del Camino, es la protagonista de éste séptimo libro de Verdades Espirituales.

Es la vida de María desde la Anunciación, cuando recibe la encomienda más grande y maravillosa en la historia de la humanidad, hasta la Resurrección, la demostración más grande que llevó a cabo Jesús en todo su ministerio.

Durante un sueño que tuvo el autor, Jesús abre su corazón y le relata la influencia que su Madre ejerció en su niñez, adolescencia y durante su ministerio.

En la historia del cristianismo, ha sido María la mujer más amada por la humanidad. El legado de María está vivo en el corazón de todo cristiano.

Metafísica espiritual

www.ingramcontent.com/pod-product-compliance
Lightning Source LLC
LaVergne TN
LVHW091153080426
835509LV00006B/660
* 9 7 8 1 7 3 4 2 8 1 3 0 9 *